直击本质

洞察事物底层逻辑的思考方法

艾菲 著

天地出版社 | TIANDI PRESS

图书在版编目（CIP）数据

直击本质/艾菲著.—成都: 天地出版社, 2020.1（2025.3重印）
ISBN 978-7-5455-5260-7

Ⅰ.①直… Ⅱ.①艾… Ⅲ.①思维方法—研究 Ⅳ.①B80

中国版本图书馆CIP数据核字（2019）第210676号

ZHIJI BENZHI

直击本质

出 品 人	杨　政
作　　者	艾　菲
责任编辑	王　絮
装帧设计	今亮后声
责任印制	王学锋

出版发行	天地出版社
	（成都市锦江区三色路238号，邮政编码：610023）
	（北京市方庄芳群园3区3号 邮政编码：100078）
网　　址	http://www.tiandiph.com
电子邮箱	tianditg@163.com
经　　销	新华文轩出版传媒股份有限公司
印　　刷	北京文昌阁彩色印刷有限责任公司
版　　次	2020年1月第1版
印　　次	2025年3月第16次印刷
开　　本	710mm×1000mm 1/16
印　　张	17.25
字　　数	268千字
定　　价	52.00元
书　　号	ISBN 978-7-5455-5260-7

版权所有◆违者必究

咨询电话：(028) 86361282（总编室）
购书热线：(010) 67693207（营销中心）

如有印装错误，请与本社联系调换

推荐语

▶ **李治中**　（笔名菠萝）著名科普作家
深圳拾玉儿童公益基金会联合创始人

无论做一份什么样的工作，思考能力都是必不可少的。思考能力往往会影响一个人的其他能力，也很有可能会决定一个人的人生高度。艾菲这本书系统性地讲了四种非常好的思考方法，从理论到真实案例再到具体操作方法，很有启发性，推荐给大家。

▶ **陈剑敏**　美国艾默生电气集团爱适易公司亚太区总经理

一本值得拥有的好书，用大量翔实的案例，深入浅出地向读者诠释了如何用哲科思维来看清事物的本质，更新你的底层思考系统，让你突破自我！

▶ **黄晓凌** 上海别样红信息技术有限公司创始人兼 CEO

无论对工作还是生活，这都是一本非常值得一读的书。书的上半部是对"本质思考"到底是什么、为什么以及怎么做的抽丝剥茧般的思考，下半部则跳脱出来，看向框架之外，让我看到了很多打破常规的思考方式与真实案例，很有启发性！

▶ **张　辉** 《人生护城河》作者、"辉哥奇谭"主创

信息越廉价，思考越珍贵。传言越刷屏，本质越难得。加油，艾菲！

▶ **单国洪** 武田制药大中华区总裁

是时候升级我们的思考力了，艾菲直击本质，带你开启思考之旅。正如有人说下棋的高手"看棋盘的方式已经跟我们不一样了"，一起努力吧，相信"没有人的努力是错误的"！

▶ **陈　波** 前复星文化产业集团董事总经理

如果留意那些创业成功的案例，你会发现它们的一个共同点，即除了天时、地利、人和，创始人的深度思考力至关重要。创始人的思考越是接近本质，创业项目就越是容易获得成功。同样，对大部分普通人而言，深度思考的能力也是必不可少，而且正在变得越来越重要，这就是我推荐艾菲这本书的重要原因。

▶ **崔欢喜**　先声诊断常务副总裁

艾菲是我多年的好友，她是一个既入世精进又出世超然的人。近两年，通过其自媒体"艾菲的理想"，我对她有了更深的了解，她的文章也引导着我对很多问题进行了深入的思考并受益良多。人生贵且短，最大的遗憾莫过于在低层次上实现思维闭环，导致工作的低效率和生活的诸多困扰。艾菲的《直击本质》正是一本能帮我们解决这些问题的书，它由繁入简、从现象到本质，既深入又开阔，相信它能让你的工作、生活、人生变得更加从容。

▶ **王浩平**　小站教育创始人兼CEO

初识艾菲源于《高手都是长期主义者》这篇文章，内容大道至简，却直击人的内心。创办小站教育9年以来，我深感对于创业者来说最核心的能力就是找到人和事的底层逻辑。《直击本质》这本书刚好从底层操作系统来解剖现象背后的本质，并通过鲜活的案例来解析看似深奥的理论，建议每一位创业者和职场人士都潜心阅读，定能获益匪浅，实现个人认知的跃迁！

▶ **邱　浩**　上海来店信息技术有限公司创始人兼CEO

我们不妨先做一个假设对标，用你人生的某个阶段来对标一个APP，这个阶段的核心目标来对标APP的核心功能，而实现这个目标的思维方式来对标这个APP的核心算法。那么，我要推荐阅读《直击本质》这本书，因为它会让你的人生算法得到升级。建议你每隔1—2年重读一遍。我相信每读一次，你的算法都会再次迭代升级！

艾菲是我多年好友，也是一位深度思考者。这本书，将会成为我公司新员工培训的2本必读书目，另一本必读书是《高效能人士的七个习惯》。

▶ 李　磊　星巴克中国副总裁

我们总是在努力、在忙碌却常常事倍功半而不得其解，仓皇地迷失于无限的执着与僵固之中；我们往往认为只要不断努力并持续忙碌便能终有所成，却忽略了成功本源自我们对事物本质的洞察和把握。突如其来的事物往往并非意外，而可能存在已久却未被发现，或让人一直迷离于幻象。原因就在于我们的视线被局限在眼前的范围之内从而无法探究其来源和因由。人生中的变化和人们因变化而产生的行为都有迹可循。唯打破幻象，直击本质，方能去伪存真、事半功倍。艾菲的《直击本质》以鲜明犀利的思想和生动形象的语言向我们揭示了认识事物并把握其本质的方法与过程，非常值得一读。

目录 CONTENTS

推荐序　思考的深度与思考的疆域 / 001

自　序　只有思考思考的方法，
　　　　才能收获指数级成长的人生 / 005

上部 | 本质思考
看透本质，自然会有不一样的人生

第一章 | 直击本质·看透三个本质，可抵十年奋斗

第一节　事物的根本属性
一眼看透本质的人都有超强的概念能力 / 021

给出清晰的定义 / 024
做出准确的简单类比 / 029
打出精妙的比方 / 031

第二节　问题的根源
很多痛苦和失败的产生，皆因没能洞察事物的本质 / 035

第三节　现象背后的底层逻辑
你追求的是方法，高手思考的是逻辑 / 041

本章小结 / 047

第二章 | 思维黑箱·高手是如何看透三个本质的

第一节　如何看透本质
　　"大胆假设，小心求证"的溯因推理法 / 053

第二节　大胆假设
　　作出假设的方法 / 058
　　思考事物根本属性的两种假设法 / 058
　　思考问题根源的四种假设法 / 067
　　找到现象背后底层逻辑的假设法 / 098

第三节　小心求证
　　若得不到证明，重新假设，再次求证 / 101
　　小心求证的三种方法 / 102
　　逻辑上可能出现的各种谬误 / 105

第四节　本质思考的必要条件
　　没有了辅助线，有些题目就会无解 / 109
　　要有好奇心，勇于提问 / 109
　　要有足够的知识 / 110
　　要不断提高自己的联想能力 / 111
　　要有思考的持续性 / 113
　　相对平静的情绪 / 114

本章小结 / 116

下部 思维破局
洞察转机，做掌握命运的少数人

第三章 | 迁移思考：如何用 80 到 90 个重要模型，解决 90% 的问题

第一节　思维模型
帮你更好地理解现实世界的人造框架 / 126

"不均衡发展策略"模型 / 128

"竞争战略"模型 / 131

"甜蜜区"模型 / 134

第二节　底层逻辑
解决 100 个不同的问题，只需一个底层逻辑 / 137

对抗熵增的方法：让系统成为开放系统 / 138

对抗熵增的方法：远离平衡态 / 144

本章小结 / 150

第四章 | 升维思考·如何解决人生中的"无解之题"

第一节　层级思考法
　　普通人看行为，卓越者看愿景 / 158

第二节　时间轴思考法
　　一流的思考方法会让问题自然消失 / 163

　　站在时间轴的终点上 / 164

　　站到更远处 / 168

　　站到极远处 / 170

　　退到时间线外 / 171

　　拉长你的时间 / 172

第三节　视角思考法
　　不是问题无解，而是你的世界观没升级 / 175

　　上帝视角 / 175

　　全面升级你的世界观 / 178

第四节　第三选择思考法
　　你不必只做单选题，也不必留下遗憾 / 181

第五节　无边界思考法
　　若有宏大的人生观，人生还有何难解之题 / 185

　　有限游戏与无限游戏 / 185

　　无边界思考法 / 186

　　人生的无限游戏 / 189

第六节　塑造者思考法

没学过火箭技术，就不能造火箭吗 / 195

跳出最小阻力路径 / 195

重塑人生 / 199

本章小结 / 207

第五章｜逆向思考·为什么聪明人都爱反着想

第一节　成功 – 失败模型

有了"过滤器"，我们就能在 10 秒钟内对 90% 的东西说"不" / 213

误判心理学和行为经济学 / 213

大败局和小败局 / 215

"事前验尸"法 / 218

不为清单 / 220

第二节　变化 – 不变模型

用能量守恒定律，刷新人生底层逻辑 / 222

宏观层面 / 223

中观层面 / 225

微观层面 / 228

第三节　加法－减法模型

再极致的人生算法，都得包含减法战略 / 232

用减法做目标管理 / 233
用减法做商业战略 / 237
用减法做生活和人生管理 / 239

第四节　幸福－痛苦模型

一点痛苦，就抵消掉了生活中的所有快乐 / 244

第五节　组合－反向模型

践行逆向战略，才能从红海市场中脱颖而出 / 252

发明创造领域 / 252
解决一般问题领域 / 254
商业创新领域 / 255

本章小结 / 258

致　谢 / 259

附　录 / 261

推荐序

思考的深度与思考的疆域

认识艾菲，是十几年前的事了。

那时，她正在读研究生，业余时间参加了 JA（青年成就者协会），那时的我还是微软的一名经理，用每周末的时间在 JA 做志愿者，专门给在校大学生讲授"Career Go（职业发展）"的课程。

艾菲让我印象最深刻的是，她总是准备了很多的问题，等着向我们这些老师提问。那时，每次下课结束后，我都会步行到学校门口乘车。这时，艾菲就会像小尾巴似的跟过来，以"送我到门口"为由，在将我送到门口的过程中提出各种各样的问题。

有一次，她问了我一个哲学家穆勒思考的问题："是做一个痛苦的苏格拉底好，还是做一个快乐的猪更好？"

这个问题让我印象深刻。从这个问题中，我感觉到了她内心激烈冲突着的矛盾以及对解决矛盾方法的不懈思考与追寻。

后来，微软有同事要招实习生，我就向他们推荐了艾菲。

推荐的关键原因就是，我一直认为，思考是一个人最为重要的素质与能力，而艾菲恰恰是一个非常热爱思考的人。

在我看来，三流的人是不学习的人，二流的人是只学知识的人，而一流的人则是那些学习"思考方法"的人。

为什么这样说呢？

"不学习"的危害显而易见，一天不学、一月不学可能还看不出区别，但如果一年不学、两年不学，人与人之间的差别可就大了。这样积年累月下去，遇到中年危机、人生危机自然都是迟早的事。

而那些只学知识的人呢？按理说，他们很厉害，徜徉在知识的海洋中，不断地学习新的知识。然而，这些人往往存在另一个问题，那就是不注重理解知识背后的东西。因此，他们也就很难将知识灵活运用，也很难举一反三、融会贯通。

而那些学习"思考方法"的人呢？虽然知识的学习对他们来说依然必不可少，但他们已经进入了更高一层的学习。那就是探索知识背后、方法背后的东西，也就是思考的方法。

而这，正是艾菲这本书的核心内容——思考的方法。

我们处于一个知识大爆炸的时代，现在的知识随处可见、触手可及。然而，假如回归本质，我们就会发现，这些知识的源头还是来自前人先辈孜孜不倦的思考。因为思考，我们才有了各种各样的知识，并用它们构造出不同的知识体系。所以，归根结底来说，思考的确是这一切的原动力。

一旦有了不懈的、直击本质的思考，我们的成长就会没有边界。

这样的人，可以不断地大量吸收新知识，不断地去学习别人的逻辑框架，然后不断发散延伸。他们的逻辑层次也能在经受海量新知识的浸入后，不断迭代、不断复盘、不断调整结构。

而这一切发生的重要基石之一就是思考的能力，也就是艾菲这本书的论述重点。

就像我一直说的，只有洞察本质，才能拥有开挂的人生。

如果能拥有这种思考能力，就算你现在的知识储备不够，拥有的知识结构不完善，你的潜力也是非常巨大的。

在艾菲这本书里，她首先谈到了一个问题，即"本质到底是什么"。我觉得这个问题非常好，因为如果要谈"本质思考"的方法，就应该先谈谈"本质"是什么，应该先谈谈当我们去做"本质思考"时思考的到底是什么。然后她又层层推进、抽丝剥茧，从"是什么"谈到"为什么"，最后用一整章内容讲了"怎么做"。相信看完前两章的朋友，一定能对"本质思考"有一些更新、更深刻、更全面的认识。

在这本书的下半部，她写的"迁移思考"也很有意思，这种思考方式查理·芒格用到过，数学家波利亚用到过，但是他们都没去写它的具体思考路径。艾菲却在这里写了，她不仅给出了非常具体的思考路径，还记录了不少有关她自己的真实案例，很有启发性。

接下来，她更彻底地跳到了框架之外，思考的范畴也似乎更广阔了，从商业的、管理的领域，来到了更多与人生相关的宏大议题。这一部分非常有趣，很有冲击力，发人深省。

艾菲这本书让我看到了思考的深度以及思考的疆域，我觉得这是一本必须要推荐给更多人看的书，遂欣然作序，希望它能帮到更多需要帮助的人。

刘润

自 序

只有思考思考的方法，
才能收获指数级成长的人生

我是"80后"，我父辈那一代是"50后"。那时，只要学会一项技能，他们就可以在单位里干上一辈子。然而，现在我们处在一个完全不同的时代——VUCA（易变性、不确定性、复杂性和模糊性）时代。在这个时代里，我们经历了从互联网到移动互联网，从传统零售到新零售，从CMO（首席市场官）到CGO（首席增长官）的种种变迁。过去的标准答案都消失了，也许很多职业都将在AI（人工智能）来临时消亡。

在这个时代里，什么是最重要的？显然已经不是知识了，也不是别人帮你总结好的各种方法论，而是产生这一切的原动力。那么，到底什么才是产生这一切的原动力呢？在回答这个问题之前，我想先跟大家分享两个故事。

第一个故事是关于美团网创始人兼CEO（首席执行官）王兴的。

当年在"百团大战"中，带着美团赢得最终胜利的王兴正是一个非常热爱思考且善于思考的人。他总是花很长时间思考问题，且思考得非常深入。比如，2012年，王兴就提出了团购的"三高三低"理论，从此与美团最初的模仿对象Groupon背道而驰。也正是基于王兴长时间的深度思考，他对团购的理解才超越了其他竞争对手，从而使美团网与其他团购网站产生了根本性的区别，并获得了最终的胜利。腾讯联合创始人、CTO（首席技术官）张志东曾说，王兴对团购本质的理解，超越了腾讯，也超越了Groupon。产品运营专家梁宁也曾说过，王兴最强的能力就是他的思考能力。

王兴不仅自己热爱思考，而且在员工遇到问题时，他还会引导员工去思考，而不是直截了当地给出答案。他提供的是思考的方法，这样员工就能基于思考的方法去得出自己的答案。显然，直截了当地给出答案是最简单便捷的方式，但王兴却希望每个人在做决策的时候，不仅能思考决策本身，还能找到正确的思考之道。

这种思考"思考的方法"也是不少著名学者的学习之道。通过思考"思考的方法"，他们掌握的是一种思维方式，而不仅仅是学习一般性的知识。他们很快就站在了巨人的肩上，从而获得了指数级的成长。

第二个故事是关于张无忌的。张无忌是金庸武侠小说《倚天屠龙记》中的主人公，今天要说的就是他学习乾坤大挪移时的情节。

乾坤大挪移是一种顶级的武功，也是明教镇教之宝。此武功共有七层境界，它的难练程度是出了名的，就连写这本武功秘籍的人也只练到了第六层。而明教前任教主阳顶天则在练到第四层后便因走火入魔而死。

正如这本武功秘籍开篇所说：若要练就本功第一层，悟性高者需七年，悟性低者需十四年。然而，张无忌在学习乾坤大挪移第一层武功的时候，只用了片刻工夫。而练就其余五层，他也不过用了几个时辰。此间差距得有多大啊！

那么，这究竟是怎么发生的呢？其实，最关键的原因是张无忌在学习乾坤大挪移之前，早已学会了九阳神功。而九阳神功是一种很强的内功心法，是学习天下一切武功，尤其是外家武功的"底层操作系统"。

金庸先生不但是武侠小说作者中难以逾越的高峰，他还是一名能洞悉事物本质的哲人。所以，这段情节颇具深意：当一个人拥有深厚内功的时候，学习像乾坤大挪移这种武功或其他外家招式就会变得非常容易。所以，决定一个人武功高下的最关键因素，不是招式，也不是剑法，而是内功修为。

这两个故事究竟给我们带来了怎样的启示呢？这个启示就是：要想获得既稳定又高效的自我成长，我们不仅要学习各种知识和方法论（即武功招式），更要学习思考的方法，提升思考的能力（即内功修为）。

这就是开篇问题的答案——思考能力才是这一切的原动力。思考能力像是武林人士的内功修为，决定着学习与掌握其他一切外家武功和招式的速度与可能。它也像是一台计算机的底层操作系统，决定着计算机的运算速度以及问题处理速度。同时，它还像是我们政府一直在做的基础设施建设，没了良好的基础设施，不论你开的是兰博基尼还是玛莎拉蒂，在坑坑洼洼的道路上都是注定开不快的。

不仅如此，思考能力的高低还是决定人与人之间差距的关键原因之一。日本著名管理学家、经济评论家大前研一指出：

新经济是呈倍数增长的……新时代是一个会因思考力的差异而造成巨大差

距的时代。换句话说，新时代是个"思考力差距化"的时代。

比别人多花两倍时间思考的人，可以拥有十倍于别人的收入。比别人多花三倍时间思考的人，就可能比别人多赚百倍的利润。以此类推，比别人多花十倍时间思考的人，当然就有可能成为一家市值总额一万亿日元的企业创办者。这已经是现在的新世界法则了。

基于以上原因，我决定写这本关于思考方法的书，以助你全面提升思考力，重塑底层操作系统。而底层操作系统的重塑就意味着你将实现颠覆式的成长与指数级的跃升，尤其是在学习、阅读，以及解释问题、解决问题、预测问题等方面。

现在，我们来看看这本书讲了哪些思考方法。实际上，这本书一共讲了四种非常重要的思考方法，分别是本质思考、迁移思考、升维思考以及逆向思考。

什么是本质思考？被称为"信息论之父"的天才式人物香农说："你越能触及问题的本质，得到真知灼见的效率就越高。"为大家所熟知的经典电影《教父》中则有一句经典的台词："花半秒钟就看透事物本质的人，和花一辈子都看不清事物本质的人，注定是截然不同的命运。"为什么有人能在半秒钟内看透事物的本质，而有人一辈子也看不清事物的本质？这背后隐藏着的究竟是种怎样的思考力？其实，答案就是本质思考力。

在本书的上半部分，我将抽丝剥茧地阐述本质思考的三个关键问题——What（什么是本质）、Why（为什么这就是本质）、How（怎样成为一个半秒钟看透事物本质的人）。在读完上半部分后，你就会对本质思考的方法了如指掌，并能将它运用到实际的工作和生活中。

在本书的下半部分，我将介绍迁移思考、升维思考和逆向思考。

关于迁移思考，查理·芒格说过一句耐人寻味的话："一个人只要掌握 80 到 90 个思维模型，就能够解决 90% 的问题，而这些模型里面非常重要的只有几个。"然而，人生如此复杂，世事变幻万千，80 到 90 个模型怎么可能解决 90% 的问题呢？这就是查理·芒格这句话背后隐藏着的深意：想要顺利解决 90% 的问题，你不仅需要掌握 80 到 90 个思维模型，还得学会对它们进行迁移运用，而这就是迁移思考。

接下来，我会讲到升维思考。在学会并运用了本质思考后，我们的人生中依然存在着一些无解之题。比如，一个人的 ego（自我）太强的话，就可能会有很强的嫉妒心，从而带来各种各样的痛苦与折磨，怎么办？这时，我们就需要提升思考问题的高度，学会升维思考的方法。

在第四章，我提供了六种升维思考的方法，分别是层级思考法、时间轴思考法、视角思考法、第三选择思考法、无边界思考法以及塑造者思考法。对于每一种思考方法，我都会用理论、真实案例以及我自己的亲身体验，帮你破解人生中的各种谜题，让你不再卡在人生的缝隙中，不再进退维谷，让你看清自己的价值观、愿景，更新自己的世界观与人生观，在短时间内获得人生的顶级智慧与思考力，让你的人生从此发生巨大转变。

在第五章，我会介绍逆向思考。虽然人人都知道逆向思考，但实际上只有少数人在真正使用这种思维方法。所以在这里，我精心准备了五个可以拿来就用的正向－逆向思考模型，它们分别是成功－失败模型、变化－不变模型、加法－减法模型、幸福－痛苦模型、组合－反向模型。这些非常好用的思考模型将帮你不断突破正向思维的禁锢，拓展思维的广度，发现另一个既陌生又熟悉的世界。

以上就是本书的内容框架。希望这本从不同思维角度出发的书，能极大地拓展你思维的深度、广度和高度，帮你夯实思考能力，练就浑厚的内功，做好基础设施建设，彻底刷新底层操作系统。这样，在未来，无论是学"武当剑法"还是"七伤拳谱"，相信你都会游刃有余、事半功倍。

最后，我想说说这本书的写作原则。在本书写作之初，我便给自己定了一个写书的原则，那就是，我不是要写一本书，而是要写一本真正的好书，一本对得起自己、对得起每位读者的书，一本能够用上十年还依然有价值的书。

然而，究竟什么才是真正的好书？什么才是能对得起自己和读者的书？什么才是能够用上十年还依然有价值的书？这个问题让我思考了许久，直到有一天，我找到了三个关键标准。

第一，提出的思考方法要有确切的理论依据。我发现，现在有的文章和书缺乏必要的理论依据，所以只能通过举例子（不少还是编造的例子）去进行论证，这就像是在用一根稻草支撑一座摇摇欲坠的房子。这种论证缺乏起码的说服力，至少说服不了我。

第二，提出的思考方法要有真实案例的支撑。仅有理论依据而没有真实有效的案例，这会让内容显得晦涩难懂，同时也无法让读者有效理解、思考与运用，这会在相当程度上令这本书失去意义。因为它将无法帮到更多需要它的人。本书中的所有理论都有案例支撑，而且每个案例都是真实案例。这些案例有的来自其他书，有的来自我自己、我的朋友以及我的咨询者。

第三，提出的思考方法要经过我的亲身实践，并验证有效。如果我自己都不曾实践、验证过，我就会对这个方法持一定的怀疑态度。我会觉得这个方法缺乏说服力，也很难付诸真正的实际应用。相反，如果我先进行了亲身实践、验证，就能进一步确认这些方法的有效性与可操作性。

此外，为了能给读者带来更大的价值，我还给自己定了一个额外目标——书中案例所涉及的领域和学科要尽可能广一些，这样能帮读者跳出自己的既有框架，扩大知识面，拓展思考范围。所以，书中的案例内容跨越了以下领域：商业、企业管理、经济学、投资、哲学、心理学、教练技术、艺术、物理学等。

虽然我在这本书上倾注了很多心血，但毕竟我的能力和水平有限，疏漏之处在所难免。这时，我就只好用亚里士多德的一句话来安慰一下自己了："一方面，没有人能完全地达到真理；另一方面，没有人的努力是错误的。"

同时，我也想再次表达我的写作初衷：是什么曾经拯救过你，你最好就试着用它来拯救这个世界。

谢谢你的信任，希望这本书能真正切实地帮到你，让你的底层操作系统焕然一新。

上部

本质思考

看透本质，自然会有不一样的人生

《教父》中说："花半秒钟就看透事物本质的人，和花一辈子都看不清事物本质的人，注定是截然不同的命运。"

为什么有人能在半秒钟内看透事物的本质，而有人一辈子也看不清事物的本质？这背后隐藏着的，正是本质思考的能力。

那么，到底什么是本质？我们究竟要透过现象看到什么？似乎还从未有人将它剥茧抽丝地说明白过。其实，这是本质思考首先要解决的问题。

第一章

直击本质

看透三个本质，可抵十年奋斗

著名商业顾问、《5分钟商学院》的作者刘润在他的《新零售》一书中写道："新零售的**本质**是效率更高的零售。"

熟悉孔子的人都知道，孔子之所以被尊为至圣先师，是因为他有一种修身齐家治国平天下的"天下观"。可孔子为什么会有"天下观"呢？哲学家王东岳说，孔子之所以有"天下观"，**本质**上是因为中国很早就是大一统的国家了。

著名经济学家吴敬琏发表视频演讲，敦促大家要更深入地研究基本问题。他说，中国企业界和政治界的改革人士，虽然在推动改革和发展上做了很多贡献，但也有一个突出的缺点："对千变万化的形势跟得比较紧，对背后的基本问题研究得不够深入。"而这种浅尝辄止带来的问题是："对于**本质**性的问题缺乏深入研究，那么解决问题的办法往往是就事论事。"

在这三段话中，"本质"一词反复出现，然而，它们代表的含义相同吗？

显然并不相同。

第一段话中的"本质"说的是：新零售的根本属性是什么？换句话说，这里的"本质"一词回答的是"什么是这个事物的根本属性"这一问题。

第二段话中的"本质"说的是：导致"孔子具有天下观"的根源是什么？换句话说，这里的"本质"一词回答的是"这件事发生的根源是什么"，也就是"为什么"这一问题。

第三段话中的"本质"说的是：要去思考千变万化的形势背后到底都有哪些基本的、不变的东西。因此，这里的"本质"一词回答的是"这个现象和问题背后的底层逻辑是什么"这一问题。

可见，同样都是"本质"，代表的含义却并不相同。

一个是在说事物的根本属性，一个是在说问题发生的根源，还有一个是在说现象背后的底层逻辑。但若仔细想想，这三者又有相通之处：不论是事物的根本属性、问题的根源还是现象背后的底层逻辑，其实都是对万事万物的"根本性"进行的探索与追寻，是对它为何存在的深度思考。

那么，到底什么才是"本质"？半秒看透本质，看到的到底是什么？

其实，所谓本质，说的正是这三件事：事物的根本属性、问题的根源和现象背后的底层逻辑。

图 1-1
本质思考的三件事

基于以上分析，我为本质思考力下了一个定义：本质思考力，就是透过纷繁复杂的现象，看清事物的根本属性，看透问题根源，看懂现象背后底层逻辑的思考能力。

显然，这是一种人人都想拥有的能力。然而，如何拥有这种能力呢？

这就需要三个步骤：从 What（是什么）到 Why（为什么）再到 How（怎么办）。

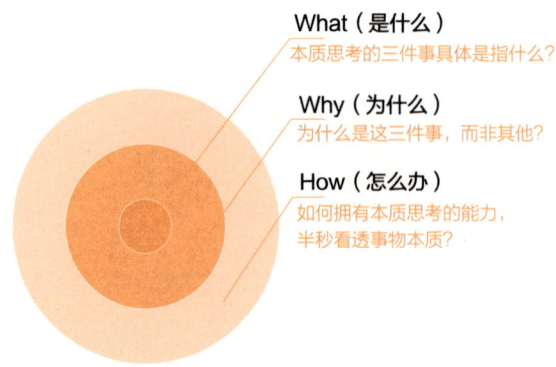

图 1-2
理解并掌握本质思考的三个关键

接下来,在第一章中,我会先来说说 What(是什么)和 Why(为什么)的问题,也就是"本质思考的三件事具体是指什么"以及"为什么是这三件事,而非其他"这两个问题。

然后,我会在第二章中说说 How(怎么办)的问题,也就是"如何拥有本质思考的能力,半秒看透本质"这个问题。

事物的根本属性
一眼看透本质的人都有超强的概念能力

很久以前，因为工作需要，我看过很多关于战略的书，书里教了很多制订战略的方法，五花八门。但我感觉这些书始终都没抓住战略的根本，也没让人想透战略的关键。等实际运用的时候，我发现那些总结好的方法总是无法套用到现实中，我总是手忙脚乱，不知如何是好。

为什么会这样？

后来我才明白，那是因为我始终都没理解"战略"的根本属性。

到底什么才是战略的根本属性？是写出一堆计划就叫战略，还是定个目标就叫战略？是想出一个愿景就叫战略，还是提出一个使命就叫战略？

都不是，战略的根本属性是"选择"，而好战略就代表着"好的选择"。

在不了解"战略"根本属性的时候，我区分不出战略和目标的不同，无法制订出好的战略，也说不出来为什么有的战略好，而有的战略差。

这就是必须首先理解一个事物的根本属性的原因所在。

如果不了解事物的根本属性，我们就无法回答"是什么"这个问题；不明白"是什么"，自然也就无法回答"为什么"和"怎么办"；回答不了"为什么"和"怎么办"，我们就无法解决问题，也就不能判断趋势。因此，当我们学一样东西、理解一个事物、论述一个理论、解决一个问题、判断一个趋势的时候，都得先从思考事物的根本属性入手。

这也是为什么不论学习哪门学科的知识、掌握哪个领域的技能，都是从"是什么"这个问题开始的。就像小时候学习一门学科时，我们一开始大多会从学习一个个的定义开始。

所以，思考及解决一个问题的起点，正是对事物根本属性的思考与理解。因此，事物的根本属性就是我们要去思考的第一个"本质"。

可什么是事物的根本属性呢？

一个事物的根本属性可以等同于这个事物的本质，也就是一个事物之所以能够成为它的那个根本原因。比如，我们一旦知道了凳子的本质是一个可以让人坐下来休息的东西，那么就会知道一个金属制作的可以让人坐下来休息的东西也是凳子，一个冰块制作的可以让人坐下来休息的东西也是凳子。

可是，怎样才能知道你是否已了解了事物的根本属性呢？

当你能够做到以下三件事中的任何一件时，你就了解了。

● 给出清晰的定义

● 做出准确的简单类比

● 打出精妙的比方

什么是"给出清晰的定义"？定义是明确事物内涵的逻辑方法，具体来说，定义是揭示概念所反映对象的特点或本质的一种逻辑方法。因此，当你能给一个事物以相对准确的定义时，就肯定是掌握了这个事物的根本属性。比如，商品就是用来交换的劳动产品。这就是一个非常清晰的定义。

什么是"做出准确的简单类比"？如果我们能对一个事物做出准确的简单类比，比如说出了"谈判就是找交集"，将"谈判"与"找交集"做出了准确的类比，那一定是了解了"谈判"的根本属性。

什么是"打出精妙的比方"？能够打出精妙的比方就意味着，我们能将一个抽象事物的根本属性与生活、工作中常见事物的根本属性画上等号。这时，我们才能打出一个精妙的比方。比如，《人类简史》的作者赫拉利打过一个精妙的比方，他说，恐怖分子就像是一只想摧毁瓷器店的苍蝇，但它自身没那么大的力量，于是它就钻进公牛的耳朵里，让公牛发疯，然后冲进瓷器店。在这个比方中，赫拉利将恐怖分子比作"想摧毁瓷器店的苍蝇"，这一比方十分精妙。而其精妙的原因就在于，它切中了恐怖分子的根本属性：单薄的自身能力，以及庞大的目标。

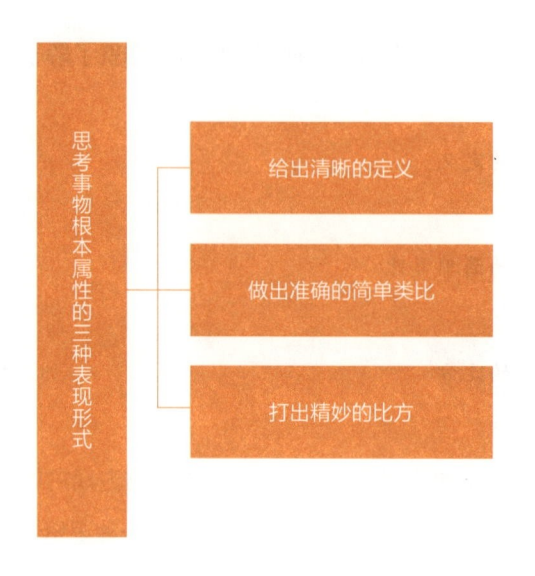

图 1-3
思考事物根本属性的三种表现形式

这就是思考事物根本属性的三种表现形式，接下来我会逐一解读。

给出清晰的定义

古希腊哲学家柏拉图因为想要给"人"下个定义，还闹过一个笑话。

他说："人是没有羽毛、两脚直立的动物。"

于是，第欧根尼就拎了一只被拔了毛的鸡过来，看着柏拉图说道："这就是你说的人。"

这是一个很好笑的笑话，可它竟然出自最伟大的哲学家之一柏拉图。

为什么会这样？

究其根源，还是因为他没找到"人"的根本属性，因此也就无法给"人"下一个清晰的定义。

在过去几年中，如果你留心观察就会发现，零售业受到了非常大的挑战。零售巨头沃尔玛 2016 年一共在全球关闭了 269 家门店，裁员 1.6 万人；仅 2017 年上半年，沃尔玛在中国关闭的门店数量就达到 16 家之多。就我而言，这几年我几乎从未逛过超市，只去过 24 小时便利店或特别小且有自己特色的超市。商场也是一样，我已经很久不在商场买衣服了，如果去逛商场也只是为了找家餐厅吃饭。

然而，就在我以为传统零售业逐渐萧条的时候，新类型的零售——电商却在迅猛发展，同时，零售总额其实也在增长。2017 年社会消费品零售总额就比 2016 年增长了 10.2%。

为什么会这样？对于零售业来说，接下来应该怎么办？

要想解决"为什么"以及"怎么办"的问题，就得从"事物的根本属性"开始分析。

在这里，我们要谈的事物是"零售"，所以，我们应该从零售的根本属性开始思考。

首先要思考的是：零售的根本属性是什么？把货物卖出去就叫零售，还是一手交钱一手交货叫零售？是必须有个场地购物才叫零售，还是只要有买卖发生就叫零售？

著名商业顾问、《5分钟商学院》的作者刘润给零售下的定义是：零售就是把最终付钱的"人"（消费者）和"货"（商品）连接在一起的"场"。

在"物物交换"的时代，有人家里养羊，有人家里种水稻，有人想吃大米，有人想吃羊肉，于是产生了交换，最后形成了集市，集市就是连接"人"与"货"的"场"。今天的百货公司、超市、便利店也是将"人"与"货"连接在一起的"场"。再后来，出现了电商。但不论是淘宝、京东还是有赞商城、微商，都是一个个的"场"，卖家拿着"货"去连接"人"，或是"人"去找"货"。

可见，不论零售业如何发展，从过去到现在，不论它经历了多少次的变革，它的根本属性都从未变过，零售就是把最终付钱的"人"（消费者）和"货"（商品）连接在一起的"场"。

这就是零售的根本属性，也是零售的本质。

而接下来的所有问题，比如，到底什么是新零售？无人售货超市到底是不是众望所归？如何才能在新零售的大潮中取得成功？未来的零售业将何去何从？这些问题的回答，都需基于对零售根本属性的深刻理解。

没有了最开始的清晰定义，这些问题将无从讨论。

只有在明确了"零售"的定义后，我们才能说"新零售是效率更高的零售"。而如果想要提升零售的效率，将"旧零售"改造成"新零售"，就得从"人""货""场"这三个零售定义中的元素出发，去进行改造和提升。比如，用数据赋能，提升"场"的效率；用坪效革命，提升"人"的效率；用短路经济，提升"货"的效率。而这一切分析与实践的起点，正是基于最初对于"新零售"的根本属性的思考。

这就是为什么本质思考非常重要。

对事物根本属性进行思考，除了能帮助我们解决商业问题，还能帮助我们解决个人问题。

有位朋友跟我说，她的老板说她情商低，因为她与同事们的关系不像团队里其他人与同事那样亲密。

于是我问她："你认为什么是情商？"

她答道："我觉得所谓情商高，就是让人喜欢自己吧。"

当一个人与同事的关系不如团队中其他人与同事那样亲密时，就能将其归结为情商低吗？所谓情商高就是会说好话，会拍马屁，能和各种人打成一片吗？

想要解决这个困惑，就要先搞清楚一个问题：什么是情商？

《情商》的作者丹尼尔·戈尔曼给情商下过一个定义：情商指的是一个

人管理自我情绪以及管理他人情绪的能力。

从这个定义我们可以看出，高情商体现在敏锐的情绪察觉与极佳的同理心上。它并不意味着要跟所有人打成一片。

作为优势教练和个人成长教练，我在对这个问题进行思考的时候发现，是否能与周围的人形成非常亲密的关系，与他们打成一片，其实更多与个人天赋有关。

根据盖洛普的优势理论，决定一个人能否与很多人打成一片的天赋是"取悦"；与此相对的另一个天赋，名为"交往"。拥有"取悦"这一天赋的人喜欢与很多人建立关系，但这些关系都相对较浅；拥有"交往"这一天赋的人虽然只爱跟少数人进行交流，但这些交流往往都非常深入。

写到这里，相信聪明的你已经发现了其中的奥秘。

我这位朋友与同事们的关系不像团队里其他人与同事那样亲密的真正原因，并不是她的情商不高，而是因为她拥有不同的天赋。她的"取悦"天赋并不突出，然而，她的"交往"天赋却非常明显。

如果没有"什么是情商"的有力发问，以及之后对于情商根本属性的本质思考，她就无法成功解决这一困惑，同时也就失去了对自己进行深刻认知的机会。

所以，当你能用"下定义"的方法说出事物根本属性的时候，你就拥有了清晰界定不同事物的能力。而这就是理解一个事物、学习一个理论、解决一个问题、判断一个趋势的重要起点。

做出准确的简单类比

以前，我经常羡慕那些能够"一语道破天机"的人，感觉什么复杂概念到了他们的口中，都能变成一句浅显易懂的话。

后来我终于明白，这不过是"本质思考"的一种体现，他们将对事物的定义变成了关于事物的一个准确的简单类比。这是一句直截了当的大白话，就算是一个不爱动脑的人也能轻易听懂。

比如，什么是"谈判"？

百度上是这样说的：谈判有广义与狭义之分。广义的谈判是指除正式场合下的谈判，一切协商、交涉、商量、磋商等，都可以看作谈判。狭义的谈判仅指正式场合下的谈判。

而如果用"准确的简单类比"来表达，就是一句大白话：谈判就是"找交集"。

前者是一个定义，而后者就是一个准确的简单类比。

如果是定义，那就得遵循古希腊哲学家亚里士多德对于"定义"的定义，即定义=属+种差。"属"说的是这个事物与其他同类事物的相似之处，而"种差"说的是这个事物与其他事物的不同之处。

所以，亚里士多德对"人"下的经典定义就是"理性的动物"。在这个定义里，"动物"是与"人"最贴近的类别，这是人的"属"，也就是相似之处；而"人"又与动物有着不同的特性，最根本的特性在于"理性"，所以"理性"就是种差，也就是不同之处。可见，当我们找到了事物的"属"和"种差"，并将它们放在一起的时候，就能去定义一个事物了。

而准确的简单类比无须遵循这个定义的法则，只要事物 A 与事物 B 之间有着非常相似的根本属性，你就可以用"事物 A= 事物 B"的方法去做出简单类比。

如果我问："什么是愤怒？"你会如何作答？

产品运营专家梁宁是这样回答的：

愤怒就是感觉自己的边界受到了侵犯。动物都有自己的边界。我们可能都见过一只狗、一只猫用尿液来划定自己的领域。如果在自己划定的领域里来了另外一只猫，之前的这只猫就会感觉自己的边界受到了侵犯，它就会愤怒。人的边界呢？就是自己存在感的边界。比如在职场上，一个人抢另一个人的工作，就是侵犯了别人的边界。比如，两位女士开车时发生了剐蹭，她们不一定愤怒；但如果一个女人的老公的大腿上坐了另外一个女人，这个女人肯定就愤怒了，因为边界被侵犯。

什么是恐惧？在一只猫的领域里来了另外一只猫，之前的这只猫的边界被侵犯，它就会愤怒。但如果来的不是另外一只猫，而是一只老虎，之前的这只猫就不愤怒了，它会恐惧。几个人要来拆你家的房子，你可能会愤怒。但如果龙卷风来了，你就不愤怒了，你会恐惧……

> 所以，本质上，愤怒其实是一种恐惧。

"本质上，愤怒其实是一种恐惧"，这就是对于"什么是愤怒"的准确简单类比。

当你能用"准确的简单类比"说出事物根本属性的时候，你不但能拥有"一语道破天机"的能力，还能在各种不同事物之间建立非常准确的本质上的联系。比如，梁宁就在愤怒与恐惧之间建立了本质上的联系。而这能让我们更加有效地理解不同的概念和不同的事物，并在实际生活中加以应用。

打出精妙的比方

以前，我一直不能理解小米生态链出现的原因，也不能理解在小米生态链中，为何会有很多诸如毛巾、旅行箱之类的产品，直到看见了小米生态链负责人刘德在接受采访时说过的这样一段话：

小米生态链中为什么会有很多既不"高科技"也不"智能"的产品？原因是这些生意对于小米而言是"烤红薯"生意。小米发展到今天，已经有3亿用户，其中2.5亿是活跃用户，他们除了需要小米手机、充电宝、手环等科技产品，也需要毛巾、床垫等高品质日用品。所以与其让这些流量白白耗散掉，不如把这些流量变成一些营业额。就像一个火热的炉子，它的热气散就散了，不如借助余热来顺便烤一些红薯。

当看到这段话时，我才忽然明白，原来这是小米生态链中的"烤红薯生意"。

这就是打出精妙比方的奇妙之处。

然而，为何刘德能打出一个如此精妙的比方，很多人却不能？

原因就在于，他洞察到了既不"高科技"也不"智能"的产品与"烤红薯生意"这两者在根本属性上的相似之处，也就是它们在本质上的相似之处，并将它用一个简单精妙的比方表达了出来。

那是不是说，只要打出一个比方，就说明我们已具备了本质思考的能力呢？

并非如此。

打比方，是在不熟悉的事物与熟悉的事物之间架起沟通的桥梁，也许准确，也许不准确；而精妙的比方，则是在不熟悉的事物的根本属性与熟悉的事物的根本属性之间架起的沟通桥梁。

所以，打出精妙的比方是本质思考能力的一种表现。

在《象与骑象人》中，作者写道：

我们可能无法完全控制自己的行为。我们的内心并没有一个能够决定自己行为的"最高决策人"。相反，真正的自我由多个部分组成，每个部分都有自己的主意。甚至，有时候各个部分间的意见还彼此冲突。在自我的各个组成部分里，有一部分是我们内心的自动化系统，包括内心感觉、本能反应、情绪和直觉等；另一部分则是理性的思考以及理性的要求。

不知道你读这段话时是怎样一种感受。是不是觉得作者描述的这两部分有些复杂，需要反复咀嚼才能明白？

的确如此，所以，作者后来就打了一个精妙的比方：

它们的关系就像大象与骑象人。大多数情况下，这个骑象人只是大象的顾问。当大象和骑象人的意见相同，或者大象没有自己的欲望时，骑象人才能指挥得动大象；而当大象真的想要做什么时，骑象人根本斗不过它。

通过这样一个比方，你是不是立刻就明白了？原来，我们内心的自动化系统就像大象，而理性的部分就像骑象人。所以，当我们毫无觉察地追随内心的自动化系统时，理性根本就无能为力。大多数时候，我们究竟该向右走还是向左走，到底该做出怎样的决定，其实都是由这头大象所决定的，而理性只是那个偶尔才会发挥作用的骑象人。

这是多么精妙的比方！

一个精妙的比方常常胜过千言万语，因为它不但阐释了事物的根本属性，而且生动形象，让人豁然开朗，过目不忘。

相信对大多数人而言，投资理念和方法都是非常枯燥的东西，但股神巴菲特却能用极为精妙的比方将其讲得清楚明了，直击本质，让我们立刻领悟。

比如，他将老师格雷厄姆的主要投资方法用一个精妙的比方解释得极为清楚，这个比方很多人可能都听说过，那就是"捡烟蒂"：

你满地找雪茄烟蒂，终于找到了一个湿透了的、令人讨厌的烟蒂，看上去还能抽上一口，而且那一口是免费的，所以你就把它捡起来，抽上最后一口，然后扔了，接着找下一个。这听上去一点都不优雅，但是如果你找的是一口免费的雪茄烟，这个方法还是值得做的。

当时，格雷厄姆的投资方法正是如此：他通过制定"价值投资探测器"（即一些投资标准），来寻找废墟中那些明显被低估了的股票。而当时，确实有很多股票的价值远远低于公司的清算价值和净资产价值，甚至公司的市值还没有公司账上的现金多。而格雷厄姆则由此建立了一种成功的投资框架和理念。

这就是"捡烟蒂"式投资法，虽然烟蒂并不算什么好东西，但由于获取成本非常低，所以还是能赚到钱的。这就是本质思考的巨大力量。

当能通过"打出精妙的比方"说出事物的根本属性时，那么恭喜你，你不但拥有了深刻的思考力，还拥有了出色的表达力。这时，你已经是既能深刻思考又能通俗表达的"大师级"的本质思考者了。

第二节

问题的根源
很多痛苦和失败的产生，皆因没能洞察事物的本质

在几百年前的航海时代，远航的船员经常受到坏血病的困扰。出海时间一长，船员的牙龈和皮肤就开始出血，皮肤变得苍白，眼窝下陷，接着就是牙齿脱落，最后可能导致死亡。有人估算，从 1500 年到 1800 年这 300 年间，可怕的坏血病一共杀死了约 300 万名船员。

当时的人都不知道坏血病究竟是怎么回事，但人们通过直觉判断，这一疾病大概与饮食有关，是营养不良所致。因为它只发生在远航的船员身上，而海上又缺乏新鲜的蔬菜和水果。

直到 1747 年，由于一个纯粹的偶然，苏格兰海军军医詹姆斯·林德发现吃柑橘能治坏血病。他做了一个实验，发现柑橘和柠檬的确对治疗坏血病有效果。英国人还发明了把柠檬汁混在朗姆酒里长期保存的方法。于是在 19 世纪早期的时候，英国海军就彻底告别了坏血病。

这一偶然发现，让英国海军暂时解决了这次的坏血病问题，可再也没人

去思考为什么柑橘和柠檬能治坏血病这个问题了。

谁知,一百年后,坏血病再次缠上了英国船队。

船队原本给船员配备的都是西班牙柠檬,但后来有了一种更便宜的西印度柠檬,酸度和西班牙柠檬一样,于是船队就改成了配备西印度柠檬。再后来,为了防止柠檬坏掉,船队就把柠檬榨成了汁,再把柠檬汁煮熟了才带上船。改变的原因是,他们发现这两种柠檬,不论是柠檬果实,还是柠檬汁,其酸度都是一样的。

谁知,这一改变造成了大规模的坏血病。

随船医生无法理解这一现象,他们认为,既然同样是酸的柠檬汁,就应该都能预防坏血病,可为什么坏血病卷土重来了?

一直到1930年,这个问题才终于得以解决。

那时,匈牙利的科学家圣捷尔吉·阿尔伯特成功分离出了维生素C,人们才如梦初醒。原来,对坏血病起作用的不是柑橘和柠檬,也不是它们的酸味,而是它们里面的维生素C。

所以,现在就可以回答为什么西印度柠檬煮熟的果汁无法抵御坏血病了。

因为西印度柠檬里所含的维生素C只有西班牙柠檬的1/4,而且其实不论多少,只要将柠檬汁煮熟,里边仅存的维生素C也就被彻底地破坏了,坏血病自然就会卷土重来。

可见，只有找到问题的根源，我们才能真正有效地解决问题。

对问题根源的思考非常重要，这不仅是因为只有找到问题的根源，我们才能真正解决问题，还因为，只有对问题出现的原因做出正确的解释，我们才能在下一次类似问题出现时，避免犯同样的错误。

在给咨询者做教练辅导的时候，我常会遇到这种情况：在遭遇了工作或感情上的挫折后（比如被老板开掉、被同事排挤，或遭遇被分手），不少咨询者都会将这些问题出现的原因全部归到自己一个人的身上。他们会说这一切的发生都是因为自己太差劲，自己不努力，自己不够好。于是，他们就一直钻在这个牛角尖里无法自拔、持续痛苦，认为自己再也不会找到一份好的工作，或者找到一个好的恋人，也永远无法获得成功与幸福。

这就是对问题根源做出的错误解释，而这种错误解释直接导致了他们错误的思考方式，这种错误的思考方式又让他们陷入了更大的痛苦之中。所以，他们始终无法开始新的生活。

那么，对这些问题根源的正确解释应该是怎样的呢？

事实上，事物之间的因果关系是复杂多样的。一个现象的产生，可能是由一种原因引起的，也可能是由多种原因引起的。比如，植物的叶子之所以能够进行光合作用，是因为有充足的日光、二氧化碳和水共同参与。这就是复合性原因。

因此，在大多数情况下，不论是工作中出现的问题，还是亲密关系中出现的问题，都不是由单一因素所造成的，都要考虑其多样性。只有这样，我们才能清晰、准确地看到问题背后的复杂原因，从而真正有效地解决问题。而这种思考也能让你在不断精进的同时，拥有深刻的洞察力与成熟的心智。

可以说，在进行本质思考的时候，如果忽视了问题根源的多样性，就可能会导致非常严重的后果。比如农作物长不好的原因，可能是水分不足，可能是肥料太多，也可能是病虫害等。如果我们没有意识到问题根源的多样性，只注意其中的一种原因，比如，只注意施加肥料，那就必然会导致减产的后果。因此，在对问题根源进行本质思考的时候，不仅要思考表层原因，还要思考深层原因；不仅要思考单一原因，还要思考复合性原因。只有这样，我们才有可能对问题和现象做出正确解释，从而避免类似问题再次发生。

思考问题的根源还有一个目的，那就是做出正确的预测。

如果看不到问题发生的根源，我们就无法做出正确的预测。

2004年12月26日，印度洋发生9.3级地震。地震引发的海啸席卷多处海滩，15个国家遭到重创，20多万人死亡或失踪。当时很多人都看到了海水倒退，但预测到海啸的只有极少数人。

海啸给东南亚、南亚、非洲等地的国家带来史无前例的灾害。但是，也有人幸运地逃过了这一劫。当时，有的人观察到了异常情况，并立即做出反应。

泰国普吉岛卡马拉湾，来自英国的生物学老师柯洛斯顿与家人正在度假，他幸运地逃过了一劫。当时，柯洛斯顿正在水里游泳，忽然发现海水有异常，于是赶紧上岸，把妻女叫过来，并说服了饭店巴士司机把大家都带到高地，把沿途看到的妇幼也叫上车来。然后，他们都得以获救。

来自英国的 10 岁小学生提莉也幸免于难。当时，提莉跟家人正在麦考海滩度假，她也发现了海水的异状，于是立刻告诉了自己的父母，她父母又提醒了其他人。因为提莉的警觉，在海啸来临前，人们已从海滩撤离。麦考海滩也成为少数未有伤亡的海滩。

两个地点，两群人，他们发现了什么异常情况？答案是，他们看到了海水倒退。

海啸发生之前，岸边的海水会突然倒退，提莉几周前在地理学上刚好学到这个知识。东南亚许多地方的小孩见到海水倒退，都觉得机会难得，然后跑去捡贝壳。没人制止他们，因为没人知道事态的严重性。

远方海底地壳构造发生变动，引发地震，悄无声息地卷起了海浪，却没有人觉察到。因为海洋很深，海浪很小，但是地震引发的海啸以高达每小时 500 英里的速度前进，相当于波音 747 的航行速度。只有当海啸逼近海岸线时，人们才发觉它的威力。

当时，所有人都看到了海水倒退，但"海水倒退"这个问题的根源却很少有人去想。

而那些进行思考并找到问题根源的人，就能对事情的未来趋势做出精准判断，即海水将高速袭来。

可以说，没有了对于问题根源的探究与思考，我们就无法对事物的发展做出准确预测。

第三节

现象背后的底层逻辑
你追求的是方法，高手思考的是逻辑

在刚开始做自己的微信公众号的时候，对于如何给文章起标题，我一筹莫展。于是，我就去翻看那些爆款文章，想要学习一下什么样的标题能够夺人眼球。我看到了各种各样的标题：有的是疑问句，有的是陈述句；有的是比较式，有的是自问自答式。

我想，这些纷繁复杂的标题背后一定存在着某种规律。

果不其然，很快，我就搜到了一些专讲如何给文章起标题的文章。这些文章从不同角度对文章标题的起法进行了归纳。比如，对比式标题、悬念式标题、倒装式标题、引语式标题等，还有如何体标题、合集体标题、带负面词汇的标题、带有急迫感的标题、解释性标题、嵌入专业词汇类标题等。

这些起标题的方法非常有用，我忍不住思考了一个问题："为什么这些类型的标题能带来更高的关注率与打开率呢？"

有一篇公众号文章的原标题是《〈失控〉书摘50条，精华都在这里》（2天，阅读量300多）；后经专业人士修改，标题变成了《如果你读不完〈失控〉，至少可以读完这50条书摘》（2天，阅读量1万多）。

同样一篇文章，在用第一个标题的时候，2天只有300多的阅读量，在改成第二个标题后，一跃变为1万多的阅读量。原因就在于原标题只是平铺直叙，而修改后的标题直击读者痛点。当时，《失控》是一本非常热门的书，然而这本书有些晦涩难懂，能读完的人很少。对于那些没空去读或者读不太懂的人而言，书摘自然就很有用。

就这样，我找到了不同类型标题能够带来更高关注率和打开率的原因——它们或是击中了目标读者的痛点，或是击中了目标读者的爽点。

正如产品运营专家梁宁所说：

要么做一个让人愉悦到暴爽的产品，要么做一个可以帮人抵御恐惧的产品。如果做一个看上去可以在某种程度上帮人不再难受，但在"爽"和"恐惧"上无所作为的产品，那就是一个不痛不痒的产品，也许有人会买单，但不会爆火。

然而，为什么取一个直击读者痛点或爽点的文章标题，或是做一个让人暴爽或抵御恐惧的产品，就能带来爆火的效果呢？这些方法背后到底还隐藏着什么样的道理呢？

后来，我渐渐明白，在这些方法背后隐藏着的正是亘古不变的人性。

怎么理解人性？

人性的一面是贪婪、嫉妒、执着、恐惧等，简单地说，就是贪、嗔、痴。

贪、嗔、痴会给我们带来各种各样的想法和念头，比如，担心自己比不上其他人，担心自己的才能匹配不上自己的年龄，想要拥有跟同事一样的大房子，想要成为同学中最美的那个……于是，也就产生了各种各样的痛点和爽点。

如果你的标题能够直击读者的痛点和爽点，回应用户的贪、嗔、痴，文章的关注量与打开率自然就会上升。

这也是为什么"微信之父"张小龙说：

你要去了解人们的欲望，通过你的产品去满足他们。我们要去满足他们的贪、嗔、痴。我们要洞察这一点，因为我们的产品要让用户产生黏性，就是让用户对你的产品产生贪、产生嗔、产生痴……当我们在做一个产品的时候，我们是在研究人性，而不是在研究一个产品的逻辑。

比如，我们在玩游戏、买东西时，平台或商家会给我们设置各种级别，比如航空公司会设置银卡、金卡和白金卡。这背后体现的是什么心理？从本质上来说，这体现的都是人性的三个弱点——贪、嗔、痴。因为贪，所以我们想要升级；因为嗔，所以我们会跟别人比较，如果你的级别比我的级别高，那么我也要升上去；因为痴，我们会努力升级，希望一直升到最高级。

所以，要想做出能产生用户黏性的产品，就得研究人性。

而这个隐藏在方法与现象背后的"道理"不仅可以运用在给文章起标题上，还能运用在做产品上。我们可称之为"底层逻辑"。

那么，还有什么能被称为"底层逻辑"呢？

比如，物理学中的"能量守恒定律"也是一个底层逻辑，它是隐藏在万事万物能量转化背后的那个根本性的道理，不论是热能、动能还是势能，都得遵从这一定律。

现在，就让我们来看看，底层逻辑说的到底是什么。

查理·芒格说："在商界有一条非常有用的古老守则，它有两步。第一步，找到一个简单的、基本的道理；第二步，非常严格地按照这个道理行事。"

爱默生说："方法，可能有成千上万种，或许还有更多；而原理则不同，把握原理，你将找到自己的方法。追求方法而忽视原理，你终将陷入困境。"

乔希·考夫曼说："无论你学习什么科目，其中最美妙的事是，你不用知道所有的知识点，仅仅需要知道一些浓缩的核心原理即可。而一旦建立起核心原理的框架，学习知识甚至进一步拓展便是轻而易举的事了。"

瑞·达利欧说："所有的运转，都有赖于深藏其中的原则，也就是一串又一串的因果关系决定了这个世界的走向。如果你探索出了其中的因果关系——虽然不可能是全部，但最好是绝大部分——那么你无疑就掌握了打开这个世界藏宝箱的钥匙。"

刘未鹏在他的《暗时间》一书中写道："看一个问题的解法，必然要看解法所诞生的过程，背后是否隐藏着**更具一般性的解决问题的思路和原则**。否则这个解法就只是一个问题的解法，记住了也无法推广。"

商业顾问刘润说："做任何一种商业，都需要找到其**最本质的原理**。"

查理·芒格口中的"道理"，爱默生所说的"原理"，乔希·考夫曼所说的"核心原理"，瑞·达利欧所说的"原则"和"因果关系"，刘未鹏所说的"更具一般性的解决问题的思路和原则"，以及刘润所说的"最本质的原理"，其实说的都是同一件事，那就是我们这里所说的底层逻辑。

可以说，我们看到的、听到的世界虽然纷繁复杂、变化万千，但其背后常常有着如同"看不见的手"一般的"道理"或"逻辑"在指挥着、主导着，而这些"看不见的手"就是"底层逻辑"。换句话说，底层逻辑就是万千"术"后的那个"道"，也是万千现象背后的那个底层规律。

由此，我们得出，"底层逻辑"主要有四个方面的特点。

第一，抽象。越抽象的就越在底层。

第二，简洁。"万物之始，大道至简，衍化至繁"，"大道至简"说的正是事物的基本原理、方法和规律往往都是极其简洁的。

第三，动力来源。底层逻辑是各种现象出现的动力来源。

第四，通用性。底层逻辑针对的不是某个特定问题，而是某一类问题或现象，有时甚至能被运用在万事万物之上。

那么，为何看透底层逻辑如此重要？

如果说思考问题根源是在寻找导致某一特定问题发生的根源，那么思考现象背后的底层逻辑就是在寻找某一类问题或现象之所以出现的普遍根源。因为底层逻辑是藏在万事万物背后的那个不变的规律，所以我们找到了它就等于拥有了举一反三、融会贯通的本领。同时，因为底层逻辑是各种现象出现的动因，因此一旦理解了底层逻辑，我们对于诸多现象的理解也会变得容易许多。

所以，找到普遍问题或现象背后的底层逻辑，能让我们拥有举一反三、融会贯通的本领，在看问题时能够更加通透和准确，成为"半秒钟看透问题本质"的顶尖高手，从而拥有开挂的人生。

本章小结

所谓本质，就是事物的根本属性、问题的根源和现象背后的底层逻辑。

本质思考力，就是透过纷繁复杂的现象，看清事物根本属性，看透问题根源，看懂现象背后底层逻辑的思考能力。

所谓进行本质思考，就是要思考以下三件事。

·事物的根本属性：一个事物之所以成为它的根本原因。

·问题的根源：导致问题发生的根本原因。

·现象背后的底层逻辑：隐藏在各种现象背后不变的规律。

如果看不透事物的根本属性，就解决不了"为什么"和"怎么办"的问题；如果看不透问题的根源，就无法解决问题、解释问题和预测问题；如果看不透现象背后的底层逻辑，就无法找到同类问题的普遍根源。

第二章

思维黑箱

高手是如何看透三个本质的

不知你是否有过这种感觉？

每次听别人说"新零售的本质是什么？是效率更高的零售""孔子之所以有'天下观'，本质上是因为中国很早就是大一统的国家""互联网的底层逻辑有三个，分别是……"的时候，我们都会惊叹不已，有种醍醐灌顶的感觉。

为什么？

因为对方给我们变了一个非常精彩的魔术：魔术师手上原本拿着的是一个苹果，在穿过黑箱后却变成了一只展翅高飞的白鸽；魔术师推进黑箱的分明是一个身材婀娜的女人，但从黑箱里出来的却是一枝玫瑰。

作为观众，因为无法洞悉魔术变化的具体过程，看不到魔术师"黑箱"里的动作，所以就会惊叹于最终结果的奇妙，惊叹于苹果变成白鸽、女人变成玫瑰的神奇一幕。

可是，如果你把变魔术的过程与本质思考的过程做个类比，就会发现二者惊人的相似之处。

"新零售的本质是什么？是效率更高的零售"：其中的"新零售"就是"苹果"，后面的"效率更高的零售"就是"白鸽"。

"孔子之所以有'天下观'，本质上是因为中国很早就是大一统的国家"：其中的"孔子之所以有'天下观'"就是"身材婀娜的女人"，后面的"因为中国很早就是大一统的国家"就是"一枝玫瑰"。

进行本质思考，就是在变魔术。

只看本质思考的结果，就如同只看到了魔术的结果，自然惊叹不已。然而，如果有一天，你了解了进行本质思考的方法，就如同看到了魔术师黑箱里的动作，一切秘密就此解开。

这就是本书上半部要去解决的第三个问题——How（怎么办），即怎样拥有本质思考的能力，半秒看透事物的本质。

第一节

如何看透本质
"大胆假设，小心求证"的溯因推理法

柯南·道尔创作的福尔摩斯系列推理小说《血字的研究》开头就写道，第一次见到华生，福尔摩斯很快就说华生刚刚到过阿富汗，这一准确的论断令华生十分惊讶。

可是，福尔摩斯到底是如何看出来的呢？福尔摩斯是这样说的：

这位先生有医务工作者的风度，还有一副军人气概，那么显然他是个军医；他脸色黝黑，但从他手腕的皮肤黑白分明来看，这并不是他原来的肤色，说明他刚从热带回来；他的左臂动起来有些僵硬，可见他的左臂受过伤。试问，一个英国的军医在热带地区历尽艰辛，且臂部受过伤，这能是在什么地方呢？自然只有在阿富汗了。

仅仅根据一个人的外貌特征，比如军人气概、脸色黝黑、手腕皮肤黑白分明、左臂受过伤，福尔摩斯就能推理出这个人的身份与来历。这究竟是怎样神奇的一种方法啊！

也许你会说，这就是演绎法。

其实不然，这是一种很少被人提及，却被广泛运用的推理方法，它就是与归纳推理法、演绎推理法同样重要的溯因推理法。

其实，这种推理方法最早是由亚里士多德提出的，在他的著作《前分析篇》中，他曾提到过一种"还原推理模式"，说的正是溯因推理法。

到底什么是溯因推理法呢？

演绎推理的方法是由 A 推理出 B，比如，从"两点之间直线最短"这一已知原理，你可以推理出三角形的两个边长之和一定大于第三边。A 就是"两点之间直线最短"，而 B 就是"三角形的两个边长之和一定大于第三边"。这就是演绎推理。

而溯因推理则不同，它是在看到了 B 后，推理出到底是什么导致了 B 的最佳解释的方法，也可理解成是根据某一结果 B 去推测其原因 A 的推理方法。换句话说，溯因推理是解释已知事物的过程。

如何进行溯因推理呢？

简单来说，就是八个字：大胆假设，小心求证。

福尔摩斯对华生来历的推理正是这样两步：先按照华生的外貌特征进行大胆假设，然后再到华生身上寻找更多蛛丝马迹，对假设进行印证，最终提出结论。

那么现在，假如你家卫生间地上出现了一摊积水，需要你去推理一下它的原因，你该怎么办？

按照这八个字，你首先要做的是：大胆假设。

能够造成卫生间地上有摊积水的原因比较多，比如卫生间的屋顶漏水、抽水马桶漏水，或者有人在地上放了冰块。

现在，就得从众多可能的原因中找到一个最贴近现实的假设。因为屋顶漏水和地上有冰块都无法解释抽水马桶一侧有渗漏这一现象，而且你也很难解释卫生间地上为何会有冰块。综合考虑这些因素后，你就能得出一个最贴近现实的假设，那就是抽水马桶本身漏水。

那么，怎样才能知道卫生间地上有摊积水就是由于抽水马桶漏水呢？这就需要对这个假设进行验证了，也就是小心求证。在这里，验证并不困难，你只需看一下抽水马桶是否正在漏水，就能验证假设是否正确了。这就是溯因推理的具体方法——大胆假设，小心求证。再来看个看病的例子。

一个人因咳嗽、吐血、四肢无力去医院看病。医生会怎么做呢？医生会用溯因推理的方法来为这个患者确定病情。首先，医生会先根据患者主诉以及能够看到的症状先做病症假设，然后再对这个假设进行验证，从而确定患者病症。医生通过问诊了解了病人的病情、病史以及生活环境。于是，医生提出了一个关于患者病情的假设：这个病人可能患有肺结核。如果有，那么病人的肺部就会有病灶，痰里也会有结核杆菌。根据上述论断，医生开出了检查单，让病人去拍CT，看看肺部是否有病灶。同时，医生让患者去化验室查一下痰，看看痰里是否有结核杆菌。最后，医生根据检查结果得出结论。如果所作假设被证实，那么假设就成立，病人就患有肺结核。否则，假设就被推翻，医生需对患者的病因重新提出假设，然后再进行一轮验证。

从这个看病过程，我们就能看出：前半段是"大胆假设"阶段，医生根据问诊结果，假设这个患者"可能患有肺结核"；后半段则是"小心求证"阶段，医生通过让患者拍片、化验等方法来验证这一假设。如果所作假设被证实，那就说明这位患者的确患有肺结核。相反，医生则需重新提出假设，再进行一轮验证。这就是溯因推理的方法。

可以说，溯因推理是要从现象 B 推出原因 A，而本质思考是要从现象和问题出发，找到导致这一切发生的根源以及底层逻辑。从本质上讲，这两者具有非常相似的思考路径，所以溯因推理就是隐藏在"本质思考"黑箱里的具体动作。

由此可见，本质思考的方法也就是这八个字：大胆假设，小心求证。

第一步，大胆假设（形成假设）。

第二步，小心求证（验证假设）。

那么，究竟该怎样假设？又该如何求证呢？

接下来，我会谈点略微烧脑的概念和方法——求同求异法、归纳法、抽象法、穆勒五法、结构性分析法、系统性分析法……通过这些方法，我们才能形成真正有效的假设。

相信我,这些烧脑的过程都很值得,因为由此我们可以一点点看清魔术师"黑箱"里的每一个具体的动作、每一个具体的道具。这样,在看清之后,我们就能变出同样神奇的魔术,成为拥有本质思考力的高手。

还是那句话,我们不怕痛,只怕痛得没有意义。我保证接下来将会是一个非常有意义的痛苦的过程。

在具体深入地讲解每一种"形成假设"的方法以及"验证假设"的方法前,我先为大家提供一个总表。从这个表格中我们可以看出,本质思考三件事中的每一件事都对应不同的"形成假设"的方法,而"验证假设"的方法则完全一样,那就是:求证,小心谬误。你可以先看一遍,大概有个印象。接下来,我将给大家逐字讲解其中的含义。

表 2-1　本质思考的具体路径

本质思考的三件事	大胆假设的方法	小心求证的方法
思考事物的根本属性	(1)求同求异法 (2)先归纳后抽象法	(1)向自己提问 (2)通过试验验证 (3)举出反例
思考问题的根源	(1)穆勒五法 (2)5Why 提问法 (3)结构性分析法 (4)系统性分析法	
思考现象背后的底层逻辑	先归纳后抽象法	

第二节

大胆假设
作出假设的方法

正如之前所说，本质思考的方法是八个字——大胆假设，小心求证。在这一节中，我们会来说说如何作出假设。

作出假设的方法一共有六种。

思考事物根本属性的两种假设法

当我们在思考事物根本属性的时候，一共有两种作出假设的方法：求同求异法和先归纳后抽象法。

方法一：求同求异法

不知你是否曾经想过"什么是爱情"这个问题。

美国著名心理学家罗伯特·斯滕伯格是这样思考的：

他提出了爱情三角理论，即爱情是激情、亲密和承诺的结合。其中，激情是爱情中的性欲成分，指情绪上的着迷；亲密指在爱情关系中的温暖体验；承诺指对维持关系的决定。

实际上，爱情中的"激情"，正是爱情与亲情、友情的不同之处；爱情中的亲密，正是爱情与友情的相似之处；而爱情中的承诺，则是爱情与亲情的相似之处。

可以说，斯滕伯格对于爱情根本属性的定义，正是基于他对爱情、亲情、友情三者不同之处与相似之处进行的比较。

于是，爱情就被分为了七种类型。

比如，"喜欢式爱情"说的是只有亲密的爱情，两人在一起虽然感觉很舒服，但总觉得缺少激情，也不一定愿意厮守终生，因为缺少了激情和承诺，正如友情；再比如，"空洞的爱"说的是只有承诺的爱情，它缺少了亲密关系和激情，此类爱情看上去似乎丰满，却缺少必要的内容；而完美的爱情就是激情、亲密关系和承诺的结合，它融合了爱情独有的激情以及与友情、亲情相似的亲密关系与承诺。

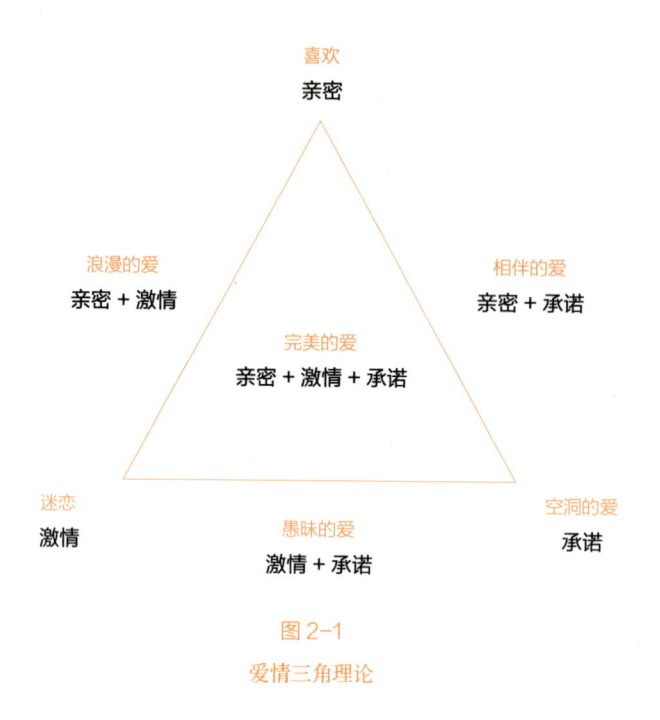

```
                    喜欢
                    亲密
                     △
          浪漫的爱          相伴的爱
          亲密+激情        亲密+承诺
                   完美的爱
                 亲密+激情+承诺

     迷恋         愚昧的爱         空洞的爱
     激情        激情+承诺          承诺
```

图 2-1
爱情三角理论

可以看到，斯滕伯格的整个思考过程正是运用了求同求异法——将爱情和与之相似的友情、亲情进行比较，比较其相似之处与不同之处，然后得出"爱情是什么"的结论。

可是，为什么运用求同求异法就能洞悉事物的根本属性呢？

其实，求同求异法与亚里士多德"下定义"的方法是相通的，我在前文中已经讲过。

亚里士多德说：什么是定义？定义就是属加上种差。

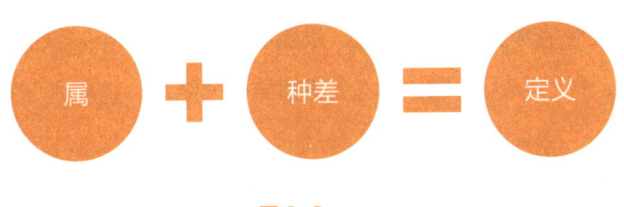

图 2-2
什么是定义

属是什么？属就是这个事物与其他同类事物的相似之处。

种差是什么？种差就是这个事物与其他事物的不同之处。

所以，从本质上来说，前者说的是"求同"，后者说的正是"求异"。

亚里士多德对"人"下的一个经典定义就是"理性的动物"。在这个定义里，"动物"是人的"属"，这一思考过程就是"求同"。而"人"与其他动物相比，又有着不同的特性，最根本的特性就是"理性"。"理性"就是种差，而寻找种差的过程就是"求异"。这就是"求同求异法"的具体应用。

方法二：先归纳后抽象法

思考事物根本属性的第二种假设方法是先归纳后抽象法。

什么是先归纳后抽象法？顾名思义，就是先进行归纳，再进行抽象和概括的推理方法。

什么是归纳？归纳是一种从个别到一般的推理方法。

比如，科学家发现金能导电、银能导电、铜能导电、铁能导电、锡能导电，于是，科学家就推理出一切金属都导电的结论。这就是归纳推理。

再比如，你发现锐角三角形的面积是底乘高的一半，直角三角形的面积是底乘高的一半，然后又发现，钝角三角形的面积也是底乘高的一半。于是，你就推理出：三角形的面积都等于底乘高的一半。这也是归纳推理。

由此我们可以看出，归纳推理的前提与结论之间并无必然联系，它们之间的关系是可能性的关系。所以，要想检验一个归纳推理的结论是否正确，逐一检验特定范围内的所有情况就是最可靠的方法。

在有些情况下，也许我们可以逐一验证。可是，若想验证"世界上的天鹅都是白天鹅"这个归纳推理出的结论是否正确，就得把天底下所有的天鹅都走访一遍，看看它们是不是都是白色的。这就太费力气了。

所以，归纳推理是由部分代替整体的推理，选取的样本越多，得出的结论就越可能准确。一旦发现一个矛盾，这个归纳推理的结论就得进行修正。比如，人们原本已经得出了"世界上的天鹅都是白天鹅"这个结论，后来人们又发现了一只黑天鹅，这个结论就被打破了。

所以，只要样本足够大，操作足够科学，通过归纳得出的结论就不会有太大的偏差。即便如此，归纳法也只能得出概率性的趋势，而不是必然的结论。

虽然归纳推理无法提供必然性结论，但它却是一切科学的基础。

牛顿从无数次实验中归纳出了牛顿三大定律，成为一代宗师；经济学家从人们的交易现象中归纳出了供求理论。事实上，几乎我们所有的知识都起始于用归纳法建立的假设。

所以，牛顿在《自然哲学的数学原理》中写道：

我们必须把那些从各种现象中运用一般归纳导出的命题看作完全正确的，或者是非常接近于正确的。

他非常强调观察和归纳在科学中的作用，认为这是科学建立的基础。在此基础上，再通过演绎建立完整的理论。

然而在这里，仅有归纳推理还不够，因为我们对事物根本属性的定义、类比或比方都是非常简洁明了的，而归纳推理得出的结论有时会有点长，有时会有些具象。这时，就需要"抽象"这一有力武器了。

什么是抽象？抽象是指从众多事物中抽取出共同的、本质性特征的思考过程。

比如，我们会将苹果、柑橘、菠萝、樱桃、草莓称为"水果"；将可乐、雪碧、柠檬茶称为"饮料"。这些都是抽象的过程。物理学则会将我们平时看到的各种现象通过数学的方法进行抽象，变成一个个的物理学定律和公式，比如，杠杆原理、万有引力定律和能量守恒定律等。

所以，归纳是从个别到一般的思考过程，但得出的结论可能是具象的，所以还需要抽象这一思考过程。

所以，当这两个思考方法结合起来应用时，我们就能找出事物的根本属性了。

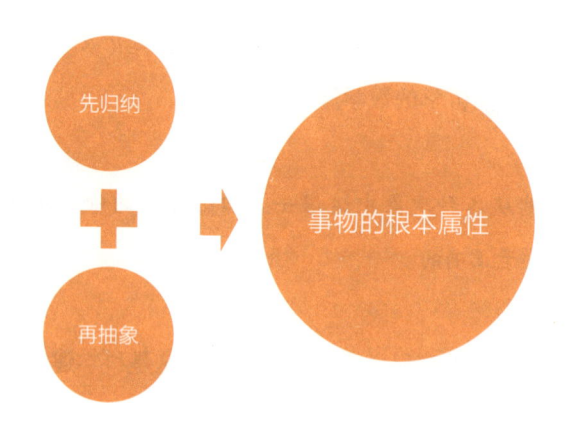

图 2-3
用先归纳后抽象法找出事物的根本属性

举个例子，产品运营专家梁宁在讲如何找产品痛点的时候，讲到首先要找到"痛点"的根本属性。她是怎样找的呢？

什么叫痛点？我搜了一下，在"什么是痛点"这个问题下，排第一的答案是：对于产品来说，痛点多是指那些尚未被满足而又被广泛渴望的需求。这个答案显然不对。没有被满足，用户只是难受而已。不能拿用户的难受当痛点，或者说产品的切入点。

一些网友讲的自己的案例，非常有意思。一个叫子柳的网友说："我一天到晚都会收到推销的广告电话，恨不得卸载手机的通话功能，直到我遇上某某号码通。"另一个网友说："碰到头疼脑热的小病，跑医院能把人折腾死，我又不敢乱吃药，这时有一个 App 就很好地解决了我的问题。"一个叫舒大畅的网友说："当年的海飞丝广告就很打动我，我第一次拜访岳父岳母时，肩上都是头皮屑，老人一脸嫌弃……"

如果我们稍微留意一下就会发现，上述场景中用户决定要用什么产品帮助自己时，他们的心理用一个词来形容，就是"怕"。所以，痛点就是恐惧。

你看，她是如何思考出"痛点就是恐惧"这一事物的根本属性的？首先，她搜集了一些讲痛点的案例，然后对这些例子进行归纳，得出一个结论：上述场景中用户决定要用什么产品帮助自己时，他们的心理用一个词来形容，就是"怕"。接下来，她又对这个结论进行了一定的抽象，将它变成了一个准确的简单类比，即痛点就是恐惧。简单两步，就找到了事物的根本属性。这就是找到事物根本属性的第二种方法：先归纳后抽象法。

然而，一个再好用的方法也会有它的局限。比如，对于归纳，就要注意以下两种可能的谬误。

● 过度概括：过度概括的意思是根据几个非常有限的现象得出片面的结论，这也是"刻板印象"。比如，东北人都能喝酒，女人的逻辑思维能力都不好。过度概括出现的原因是样本量太小，根本无法支撑它的结论。

● 样本偏差："幸存者偏差"就是典型的样本偏差。

我们来看一个"二战"时期的真实案例。

当时，英美对德国展开战略轰炸，但德国的防空炮火导致英美空军损失惨重。于是，英美盟军就请来飞机专家研究战斗机受损的情况，以便对飞机进行改造。

专家们是怎么做的呢？他们非常仔细地检查了执行任务归来的飞机，发现所有飞机的腹部都受损严重。于是他们得出结论：机腹最脆弱，要加强机腹保护。

这个结论看起来没有问题，但真是这样吗？后来，统计学家沃德指出，应该关注弹痕少的部位。因为专家们检查的所有飞机，都是返航飞机，也就是那些幸存者。还有很多飞机都被击落了，根本没有机会成为被归纳的对象。

后来，的确有大量证据表明，飞机更脆弱的部位是驾驶舱和发动机，而那些驾驶舱和发动机受损的飞机都遇难了。

从本质上讲，这个归因谬误是由统计学中的取样偏差造成的。就像市场调研一样，愿意参加调研的人和不愿参加调研的人本身就是两种类型的人。因此，调研的结果也只适用于愿意参加调研的那部分人，这无疑会造成不可避免的偏差。

所以，取样的代表性比样本的数量更重要，这一点在进行归纳推理时必须注意。

以上就是两种用于找到事物根本属性的假设方法：求同求异法与先归纳后抽象法。

思考问题根源的四种假设法

思考问题根源一共有四种假设法，分别是穆勒五法、5Why 提问法、结构性分析法和系统性分析法。

方法一：穆勒五法

什么是"穆勒五法"？

它代表了五种假设问题根源的方法：求同法、求异法、求同求异法、共变法和剩余法。

（1）求同法

我们常会在雨过天晴后见到彩虹，也会在瀑布旁发现彩虹的身影，甚至有时还会在清晨一株草的露珠上看到它的样子。那么，为什么彩虹会在这些情况下出现呢？这时就要用"求同法"去思考彩虹产生的根源了。有什么既会出现在雨过天晴后，又会出现在瀑布上，同时还会出现在露珠上呢？原来是穿过水珠的光线，而这正是这三种场景的共同之处。通过寻找这个共同之处，人们找到了彩虹出现的原因。这就是"求同法"。

（2）求异法

有一段时间，我晚上入睡有时很容易，有时就比较困难。我深受困扰，想搞清楚其中的缘由。于是我开始做记录，对每个白天和晚上做的事情都做了比较详细的记录。然后我有了一个发现：我做的大多数事情都一样，但有一个不同。有时，我会在晚上睡觉前看电视剧或电影；有时，我会在晚上入睡前看书或做瑜伽。当我选择在睡前看电视剧或电影的时候，我入睡就比较困难；相反，当我选择在入睡前看书或做瑜伽的时候，我入睡就会非常迅速。可见，睡前看电视剧或电影就是我入睡困难的根源。这就是"求异法"。

（3）求同求异法

一个医疗队为了了解地方性甲状腺肿大的原因，先到几个这种病流行的地区巡回调查。结果他们发现这些地区的地理环境、经济水平都各不相同，但有一点是相同的，即居民经常食用的食物和饮用的水中缺碘。医疗队又到一些甲状腺肿大病不流行的地区去调查，结果发现这些地区的地理环境和经济水平也各不相同，但有一点是相同的，即居民经常食用的食物和饮用的水中不缺碘。

综合以上调查情况，医疗队认为，缺碘是甲状腺肿大的原因。后来，他们对甲状腺肿大的病人进行补碘治疗，果然疗效甚佳。

医疗队在那些疾病流行的地区调查，发现了一个共同点；他们又到那些疾病不流行的地区调查，又发现了一个共同点：将这两者进行比较，医疗队就找到了疾病流行的原因。这就是"求同求异法"。

（4）共变法

共变法说的是在其他条件不变的情况下，如果一个现象发生变化，另一个现象随之变化，那么前一个现象就是导致后一个现象产生的原因或部分原因。

比如，气温上升了，放置在器皿中的水银体积就膨胀了；气温下降了，水银体积就缩小了。这就提醒我们：气温与水银体积之间可能存在因果关系。

再比如，一定压力下的一定量气体，温度升高、体积增大，温度降低、体积缩小。气体体积与温度之间的共变关系，就是在提醒我们：气温与气体体积之间可能也存在因果关系。

使用共变法时要注意，不能只凭简单观察来确定共变的因果关系。有时两种现象共变，但实际上并无因果联系，可能两者都是另一个现象引起的结果，如闪电与雷鸣。所以，我们只能这样说，这种共变是在提醒我们：它们两者之间可能存在因果关系。但我们却不能说，因为共变关系的存在，所以它们两者之间一定是因果关系。

（5）剩余法

1846年前，一些天文学家在观察天王星的运行轨道时，发现它的运行轨道和按照已知行星的引力计算出来的它应该运行的轨道并不相同——发生了几个方面的偏离。

经过观察分析，天文学家发现，其中几个方面的偏离是由已知的其他几颗行星的引力所引起的，而有一个方面的偏离原因不明。

这时天文学家就考虑到：既然天王星运行轨道的各种偏离都是由行星的引力所引起的，现在又已知其中几个方面的偏离是由另外几颗行星的引力所引起的，那么剩下的一处偏离必然是由一个未知行星的引力所引起的。

后来，天文学家和数学家据此推算出了这个未知行星的位置。1846年，他们按照这个推算的位置进行观察，果然发现了一颗新的行星——海王星。

这就是剩余法。

一般来说，剩余法只能用于研究复合现象的原因。

方法二：5Why 提问法

什么是 5Why 提问法？

它是通过不断提出"为什么"，从而帮我们找到导致问题出现的整个因果链的方法。就像是一个一头向下、不断深入的电钻，这种方法能帮我们将包裹在问题上的那些表层杂物清理干净，让问题露出它本来的样子。

我们都知道，导致问题出现的原因往往是一个因果链：A 导致了 B 的发生，B 导致了 C 的发生，C 导致了 D 的发生，D 又导致了 E 的发生。所以，在看到 E 时，如果我们只追问到 D 这一层，就是没有找到问题的根源所在。这时我们就得"提问"再"提问"，直到找到问题的根源，也就是下面这条"因果链"中的 A。

A ▶ B ▶ C ▶ D ▶ E

图 2-4
导致问题出现的因果链

虽然是要追问 5 个"为什么"，但使用 5Why 提问法时并不限定于只能做"5 次为什么"的探讨。因为 5Why 提问法的根本目的是要找到问题的根本原因，所以可能两三次就问出来了，也可能要问八九次才能找到。

那么，5Why 提问法的关键是什么呢？

避开主观假设，从结果开始，沿着因果关系的链条，直至找出原有问题发生的根本原因。

那 5Why 提问法又该怎样使用呢？

先来看看大野耐一的 5Why 提问实例。

有一次，大野耐一先生见到生产线上的机器总是停转，虽然修过多次但仍不见好转，便上前询问现场的工作人员。

问：为什么机器停了？（1Why）

答：因为超过了负荷，保险丝就断了。

问：为什么超负荷呢？（2Why）

答：因为轴承的润滑不够。

问：为什么润滑不够？（3Why）

答：因为润滑泵吸不上来油。

问：为什么吸不上来油？（4Why）

答：因为油泵轴磨损、松动了。

问：为什么油泵轴磨损了？（5Why）

答：因为没有安装过滤器，润滑油里混进了铁屑等杂质。

经过这样连续五次问"为什么"，他找到了问题发生的真正原因（润滑油里混进了杂质）和真正的解决方案（在油泵轴上安装过滤器）。由现象推论出其本质，由此找到解决问题的方案，这就是 5Why 提问法。

20 世纪 80 年代，美国政府发现华盛顿的杰斐逊纪念馆受酸雨影响损坏严重，于是请了一家咨询公司来调查。下面是顾问公司与大楼管理人员的一段对话。

问：为什么杰斐逊纪念馆受酸雨影响比别的建筑物更严重？（1Why）

答：因为清洁工经常使用清洗剂进行全面清洗。

问：为什么经常清洗？（2Why）

答：因为有许多鸟在此拉屎。

问：为什么会有许多鸟在此拉屎？（3Why）

答：因为这里非常适宜虫子繁殖，这些虫子是鸟的美餐。

问：为什么这里非常适宜虫子繁殖？（4Why）

答：因为里面的人常年拉上窗帘，阳光照射不到里面，阳台和窗台上的尘埃非常适宜虫子繁殖。

拉开窗帘，杰斐逊纪念馆的问题就这么轻易解决了。

深层原因			表层原因	现象或结果
里面的人常年关窗帘	此处适宜虫子繁殖	很多鸟在此拉屎	清洁工常用清洁剂清洗	酸雨严重侵蚀纪念馆

图 2-5
用 5Why 提问法找到问题的根源

方法三：结构性分析法

"穆勒五法"并不复杂，5Why 提问法用起来也十分简单，那我们是否可以用这两种方法找到所有问题的根源呢？答案是不行。为什么呢？这是因为我们身处的真实世界非常复杂，导致问题出现的原因也常常不是单一的，而是复合性的。所以，除了"穆勒五法"和5Why提问法，我们还需要用到更复杂的分析方法。因为只有借助这些分析方法，我们才有可能找到复杂问题的真正根源，并据此找到问题的根本解。

豌豆荚的联合创始人王俊煜说，豌豆荚犯过一个很大的错误，他错误地解读了豌豆荚那两年的快速发展，也就是2012年和2013年，发展那么快的真正原因是什么。如果现在回头看，当时豌豆荚发展速度如此之快，包括在2014年1月豌豆荚获得1亿多美金融资的真正原因，其实是"大势"。当时智能手机发展速度极其迅猛，谷歌退出中国后，安卓手机上没有好的App应用，所以豌豆荚就脱颖而出了。当然，豌豆荚也有一些其他做得很好的地方，比如非常重视工程师和产品等。这些确实也起到了作用，但都不是决定性的。

导致这一错误认识产生的原因是什么？其实正是过于简单的归因。

除了重视工程师、产品等，还有什么原因会使豌豆荚当年能够飞速发展？其实，重视工程师、产品等都只是"点"的作用，我们还要看到"线"和"面"的作用。事实上，我们不仅要看自己做了些什么，还要看大势所趋、人心所向。

然而，究竟怎样才能看到"大势"，或者说整体和系统呢？

最重要的两个方法是结构性分析法和系统性分析法。前者是用静态的方法去看整体，后者是用动态的方法去看整体。

下面，在介绍结构性分析法之前，我们先来看看什么是"结构"。

（1）什么是结构

不必把它想得那么复杂。结构随处可见，比如，你的背包、衣橱、厨房都有结构。

所以，在购买衣橱的时候，你会发现每个衣橱里都会被划分成多个空间，有些空间大，有些空间小。于是，在使用它的时候，你就会将那些大衣挂在大空间里，将内衣放在小空间里。

但是，如果你买的衣橱没有这些空间的划分，又会出现怎样的情景呢？

恐怕你就只能将各种衣服一股脑儿地塞进去。单是想象一下，就会觉得很难受吧。

这就是结构的作用，它能化繁为简，化混乱为整齐。

（2）结构性分析法是什么

如果要讲结构性分析法，就要讲到金字塔原理。因为结构性分析法能够将事物从无序转变到有序，从混沌转变到清晰，其中要遵循的一个原则就是金字塔原理。

金字塔原理有三大规则。

规则一，任何一层的内容都是下一层内容的总结。打个比方，如果下一层是油麦菜、菠菜等，那么上一层的内容就应该是对它们的总结——蔬菜，而不是蛋白质。

规则二，同一层的内容必须具有相同的特征。打个比方，如果上一层的内容是蔬菜，那么下一层的内容就是油麦菜、菠菜等，不能将香蕉放进来。因为香蕉并不是蔬菜，与菠菜、油麦菜等并不具有相同的蔬菜特征。

规则三，同一层的内容必须按照一定的逻辑顺序排列。打个比方，如果油麦菜、菠菜放在同一组，按什么顺序排列呢？这就需要确定逻辑顺序，比如，你可以按蔬菜价格的高低来排列，也可以按它们的英文首字母来排列。

如果用金字塔原理，也就是结构性分析法来思考问题的根源，就会出现下面这张图。

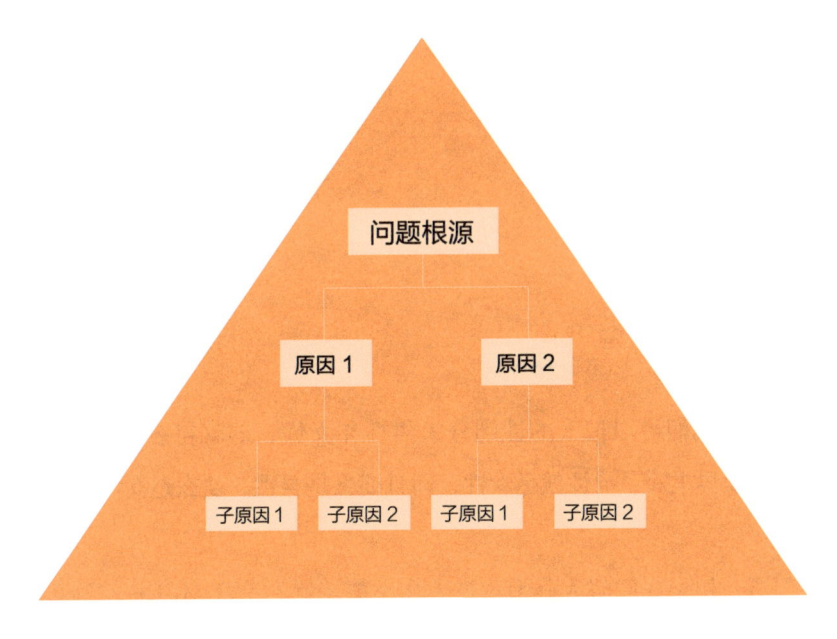

图 2-6
分析问题根源的金字塔结构

这就是一个用于分析问题根源的金字塔结构，它由纵向和横向两种子结构组成。

● 从纵向来看，最顶端的是需要分析出的问题的根源，下一层是这个问题所有可能的原因，再下一层是支持这些不同原因的各个子原因。

● 从横向来看，每一层原因都需具有相同的特征，按照一定的逻辑顺序排列，且最好能够符合 MECE 法则。

MECE 是"相互独立、完全穷尽"的意思。金字塔结构中每一层级的原因和子原因都得符合这一原则，它们之间"不能交叉，也不能有遗漏"。

图 2-7
MECE 法则

比如，我们可以把人的性别分为男性和女性，这就符合 MECE 法则。因为这个世界上除了男性就是女性，而且要么是男性，要么是女性。

但是，如果我们将人分为了男人和小孩，就不符合 MECE 法则了：因为还有女人，这就出现了遗漏；而且还有交叉，因为小孩可以是男人，也可以是女人。这是既有遗漏，又有重叠，所以不符合 MECE 法则。而金字塔结构中每一层级内的所有内容都应符合 MECE 法则。

（3）如何用结构性分析法寻找问题的根源

在理解了金字塔原理的三个核心要求之后，我们就来看看如何用结构性分析法寻找问题的根源。

假如最近一段时间，你有一项工作没能做好，这时你想知道原因是什么，就可以用以下框架对问题的原因进行结构性分析。

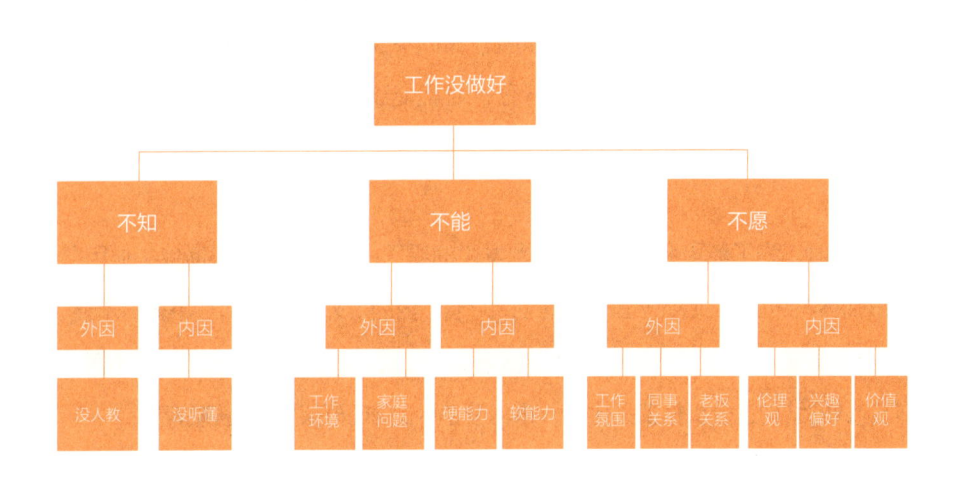

图 2-8
对"工作没做好"这一问题根源的结构性分析

具体是这样做的，先将原因拆分为三种——"不知"（"知"代表的是知道或不知道）、"不能"（"能"代表的是有能力或没能力）和"不愿"（"愿"代表的是愿意或不愿意），然后再将每一个原因拆分为"外因"和"内因"。最后，再将每一个"外因"和"内因"按照 MECE 法则拆分为更多的子原因。

接下来，我们就需要找到最重要的那个原因——最近这段时间，你有一项工作没能做好的原因究竟是哪一个或哪几个呢？

通过这个金字塔结构，你会发现，自己最近工作没做好的原因可能主要有两个：一是"软能力"，即自己在沟通能力上有问题，所以在项目执行上，自己没能与团队成员沟通好；二是"兴趣偏好"，自己对最近这个项目不是很感兴趣，所以动力不足。当找到根源后，你就能对症下药，解决问题了。

可见，结构性分析法能让我们看到导致问题发生的所有可能：我们不仅能看到外部原因，还能看到内部原因；我们不仅能看到能力原因，还能看到动力原因。于是，我们对问题进行分析时就能避免简单归因，从而避免判断错误和决策仓促。

同时，为了能更全面地分析问题发生的原因，我们还需要不断收集原因分析的结构性框架。比如一些通用的框架，像"内因、外因"框架，"不知、不能、不愿"框架，"宏观、中观、微观"框架等。并且，我们还可以收集一些不同专业领域的结构性分析框架，比如，市场营销中的 4C 框架、4P 框架等。

那么，假如此时你忽然发现在这些子原因中有好几个原因都很关键，而且它们之间似乎还存在某些关联，怎么办？比如，之前有段时间我常常早醒，于是我就用这个结构性分析法做了如下思考：首先，我把早醒的原因分成了两大类——外因和内因；其次，我对外因和内因进行了进一步拆解，将外因拆分为两个子原因——睡眠环境和睡眠设备，将内因拆分成了三个子原因——生理因素、心理因素和干扰因素；最后，我的拆解使每一层级都符合 MECE 法则。于是，我就得到了以下这幅图。

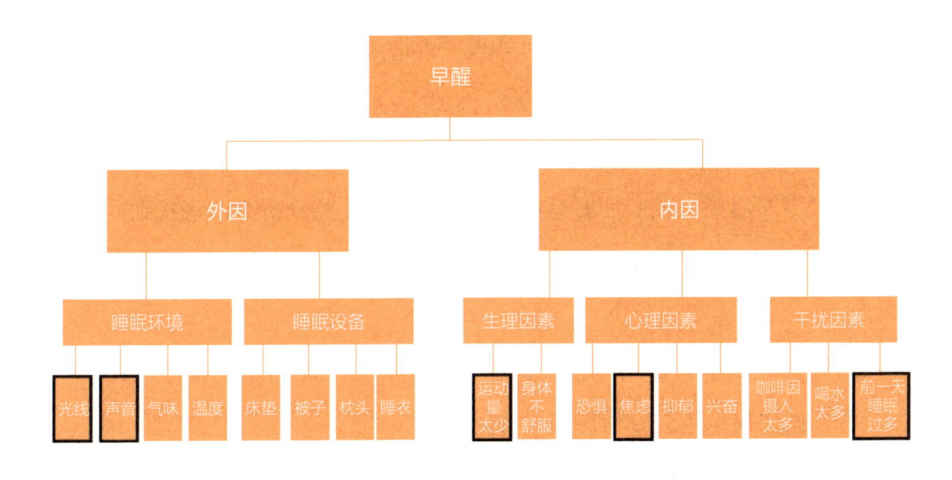

图 2-9
对"早醒"这一问题根源的结构性分析

从这幅图中，我找出了那些对"早醒"有影响作用的因素，并重点圈了出来，它们都是导致我睡觉早醒的原因。由此我们可以看出，导致早醒的原因不是单一的，而是多元化的，是复合性原因。

那么，在这些原因中到底哪些是主要原因呢？我发现，关键还是内因。如果内因消除，即便存在外因，我也不会早醒。就算有点早醒，只要我用上眼罩和耳塞，也能很快再次睡着。所以，内因才是导致早醒的主要原因。

于是，我又重点看了看这三个被圈出来的内因：运动量太少、焦虑、前一天睡眠过多。忽然，我发现它们之间存在某种关联：前一天睡眠过多的原因是再前一天早醒（因为早醒，所以感觉特别困，所以那天就补觉了，结果一下子补多了，睡了 10 个小时）；那天睡觉过多，所以我的工作时间就被压缩了；为了把手头的工作做完，那天我就取消了运动；可即使是取消了运动，工作也没能全部做完。于是，直到睡觉前一刻，我还在思考问题，这就引发了我的焦虑，导致了第二天的早醒。如此，我就进入了恶性循环。

由此可见，这些原因已经形成了一个动态循环。这时，静态的结构性分析法已经不够用了，我们需要运用第四种非常重要的分析方法来找到问题的根源，这就是系统性分析法。

所以说，当子原因之间存在某些关联，有相互作用以及动态变化的时候，我们就要用系统性分析法去思考问题了。

结构性分析法与系统性分析法之间的一个显著区别，就是动态性。两者都是从整体去看问题，但结构性分析法是静态的分析，而系统性分析法则是动态的分析。

方法四：系统性分析法

在谈系统性分析法之前，我们先来看看什么是系统。"系统"这个词听来好像有点复杂，但其实它无处不在。你的身体就是一个大大的系统，血管、心脏、大脑、肌肉、骨骼等构成了你的身体这个非常复杂的系统；而其中每一个器官又是一个小的系统。

你喜欢的足球队也是一个系统，它的元素包括球员、教练、场地、足球等；它们之间通过游戏规则、教练指导、球员技能、球员之间的交流，以及物理法则等产生联结。因此，当这支球队输球的时候，你不能将所有问题都归到一个球员身上；而当这支球队赢球的时候，你也不能说这只因教练的一人之力。因为它是一个系统，所以你得从系统的角度去看待它的输与赢。

那么，系统又有什么样的特征呢？到底怎样一种结构才能被称为系统呢？

（1）系统的三个特征

第一，系统是由元素组成的。以学校这个系统为例，在学校中，有老师、学生、教室、操场，这些元素就是系统的组成部分。元素是一个系统中最为明显的事物，但又可能是最不重要的，因为它们常常是可替换的。正所谓"铁打的营盘流水的兵"，学生来了又走，老师、校长都可以换，但元素虽然变化了，学校还是这个学校，系统还是这个系统。

第二，元素之间存在着一定的关系。在学校这个系统中，老师与老师、老师与学生、学生与学生之间还有着一定的关系，这些关系可以是上下级或平级的关系，也可以是规则和物理定律。元素可以随时调换，但关系往往不变。所以，要想真正理解一个系统的运作机制，你就得了解不同元素间的关系结构。

第三，系统具有一定的目的性，都要实现某种功能。在学校这个系统中，系统存在的目的是教育学生。但实际上，有的系统的功能往往不明显，有时候表面上是这个功能，实际上可能是另外一个功能。

（2）理解系统的三个关键

第一，是存量和流量。什么是存量？存量是存储量、数量或物料、信息在一段时间内的积累量。它可以是浴缸里的水、人口的数量、书店里的书、树木的体积、银行里的钱，也可以是非物质的，比如你的自信心、你的爱心、你对未来的希望等。流量则是一段时间内改变的状况。比如，浴缸里流进或流出的水量、出生或死亡的人数、买入或卖出的数量、存入或取出的金额等。所以，对于赚钱系统来说，如果你想让系统里的存量增加，那就得让流入量大于流出量，也就是赚的要比花的多。

第二，是回路。比如，两个小孩发生了争执，高个子的推了低个子的一下，低个子的就又推了高个子的一下；前者很是恼怒，于是就给了后者一拳，后者不甘示弱，就又给了前者一巴掌；前者更加愤怒，狠狠地踢了后者一脚，后者就又给了前者一脚。就这样，打架逐渐升级，两个小孩从互相推搡变成了拳打脚踢。这就是回路。

回路有两种，一种是上面这种的，叫增强回路。它的特点是，要么让事态向着越来越好的方向发展，要么让事态向着越来越糟的方向发展。因此，就会产生两种可能，要么是指数型增长，要么是加速崩溃。它有着自我强化的本领。

流感传播就是一个增强回路。因为病毒可以通过呼吸道传染，所以得病的人越多，流感的传染性就越大；而传染性越大，流感患者就越多……于是，流感最终变成了一场全球性的疾病。这就是指数型增长。

那么，什么是加速崩溃呢？

你的自信心越低，你做工作时就越容易出错；而你的工作做得越是错误百出，你的自信心就会越低。

这两种都是"增强回路"。

除了增强回路，还有一种回路，叫调节回路。调节回路的趋势正好与增强回路相反，增强回路是越强则越强、越弱则越弱；调节回路是强则调回来，弱也能调回来。所以，不论系统存量的初始值怎样，也不管它是高于或低于目标状态，调节回路都能将它调整到目标状态。比如，你的身体对血糖浓度的调节就是调节回路。调节回路总能让系统回到正轨上来，它有着自动复位的本领。

所以，调节回路的变化是慢慢趋于稳定的，如果这个回路呈现下降趋势，开始时会下降得很快，但随着时间的推移，下降的速度会越来越慢，最终不再下降，达到一个稳定的平衡状态；如果事情呈现上升趋势，开始会上升得很快，但随着时间的推移，上升速度也会越来越慢，最终不再上升，而是达到一个稳定、平衡的状态。这就是调节回路在起作用。

在一个真实的系统中，往往会存在多个增强回路和调节回路。增强回路让系统或增长或崩溃，反正就是要偏离平衡；调节回路则在尽力保持着系统的稳定。所以，当它们在一起时，系统的表现就会精彩纷呈了。

第三，是延迟。相信你在洗澡时，常会遇到这种情况：刚开始时，流出来的水有点冷，你把阀门调了调，还是有些冷，于是你又调了调，谁知水很快就变烫了，烫得洗不成澡。为什么？这是因为系统本身具有延迟性。当你调节系统中的某个"阀门"时，它的反应有一定的时滞，不会立刻产生结果。所以，有时就会出现像调水温这样的"调节过度"现象。

这也是为什么当我们说努力就会有回报的时候，自己其实常常也会陷入纠结，不知道到底是该继续坚持，还是干脆放弃，因为你还没有看到那个"回报"。这就是系统的"延迟"。

（3）如何在系统中找到问题的根源

在介绍了系统的特征、理解了系统的三个关键后，现在就让我们来看看，到底什么是系统性分析法，又该如何用系统性分析法找到问题的根源。

系统性分析法的本质是：不用线性分析的方式，比如用 5Why 提问法去看待你眼前的问题；也不用静态分析的方法，只看元素而看不见元素间的关系。相反，你要用整体的、动态的方式去看待眼前的问题，不仅看到元素，还要看到元素间的联系，从而找到问题的根源。

用一句话来说就是：你得通过对系统结构的深入理解和分析，找到导致系统问题的根本原因。

具体怎样做呢？

这个方法就是画图，画出系统循环图。然后从图中找到问题的根源，并找到问题的根本解。

要想画好这个图并非易事，但也没有想象中的那么难。

先来说说画图的规则。

A. 两个元素间的关系是因果关系。一共有两种因果关系：正向的因果关系（S）和反向的因果关系（O）。

B. 当这些因果关系形成闭环的时候，就形成了我们刚才所说的"回路"。回路一共有两种：一种是增强回路，一种是调节回路。

C. 当一个回路中有偶数个（零也算）反向的因果关系（O）时，这个回路就是增强回路；当一个回路中有奇数个反向的因果关系（O）时，这个回路就是调节回路。

D. 所有连续的闭合回路，要么是增强回路，要么是调节回路，没有第三种。

那么现在，我们就用最简单的例子来看一看如何画一幅系统循环图。

如果你要画一个资本投资系统，该怎样画呢？

你的资本越多，能做的投资就越多，这是一个正向的因果关系（S）；投资越多，你获得的资本就越多，这也是一个正向的因果关系（S）。它们形成闭环时，就构成了资本投资系统的增强回路。

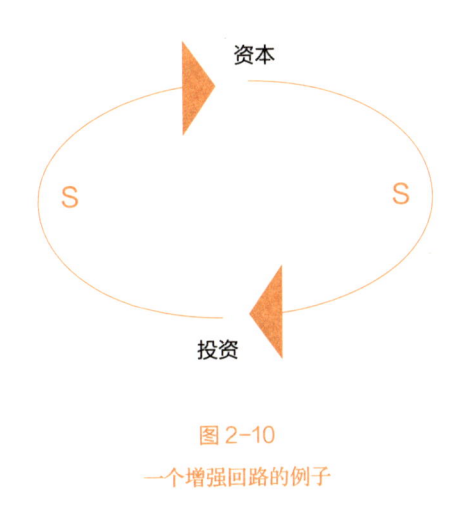

图 2-10
一个增强回路的例子

假如你要画一个草原上兔子与狼的生态系统，又该怎样画呢？

当草原上兔子数量增加的时候，因为食物变得丰富，狼的数量也会增加，这是一个正向的因果关系（S）。当狼越来越多的时候，就会吃掉越来越多的兔子，于是兔子的数量就会减少，这是一个反向的因果关系（O）。它们形成闭环时，就是一个调节回路。

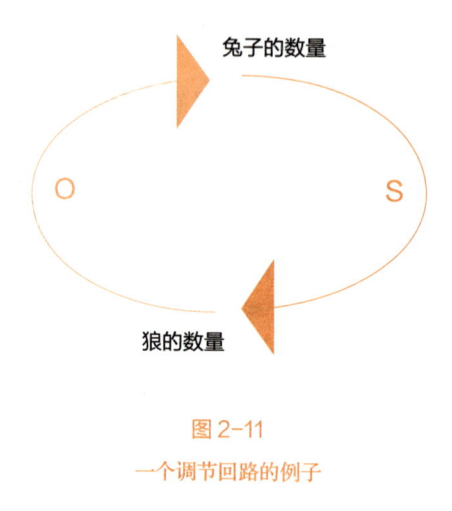

图 2-11
一个调节回路的例子

这就是最简单的系统循环图。从系统循环图中，我们能够清晰地看到一个系统的结构。而通过分析一个系统的结构，我们就能发现系统问题产生的真正根源。这就是思考问题根源的系统性分析法。

接下来，我们再看几个通过系统性分析法找到问题根源的例子。

例子1：为什么小孩打架总是愈演愈烈？

两个小孩发生了争执，高个子的推了低个子的一下，低个子的又推了高个子的一下；前者很是恼怒，于是就给了后者一拳，后者不甘示弱，也给了前者一巴掌；前者更加愤怒，狠狠踢了后者一脚，后者又给了前者一脚。就这样，两个小孩的打架逐渐升级，从互相推搡变成拳打脚踢，直到把对方打出血，冲突不断升级。

通过系统性分析法，我们很快就能看出，冲突不断升级的根源是两个孩子之间已经形成了一个增强回路。

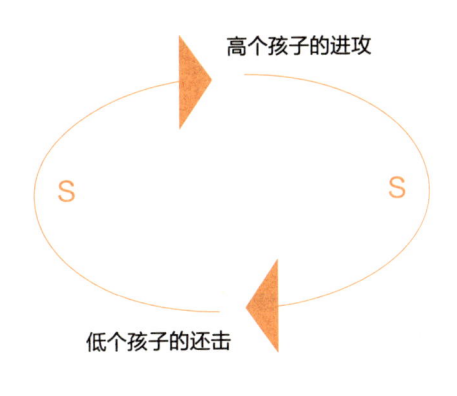

高个孩子的进攻

S　　　　S

低个孩子的还击

图 2-12
为何打架会升级

那么，如果你是其中一个孩子的家长，这时你该怎么办呢？你应该主动切断两个小孩之间的增强回路，而不是推波助澜，帮着自己的孩子欺负另一个孩子。而且，即使眼前取胜，等另一个孩子的父母也参与进来时，就很容易演变成另一个更加强烈的增强回路。

例子 2：为什么会有自信死结？

我是一名优势教练和个人成长教练，遇到过各种各样的人，也遇到过一些完全丧失自信的人。

工作没做好、创业失败、亲密关系中被分手，每发生一次，一个人的自信心就会遭到一次打击；每次自信心被打击后，一个人就更可能在工作、创业和亲密关系中表现糟糕；而这种表现所带来的周围人的反馈与评价，会让一个人越来越不自信。就这样，这个人最终进入了一个看起来难以破解的"自信死结"。

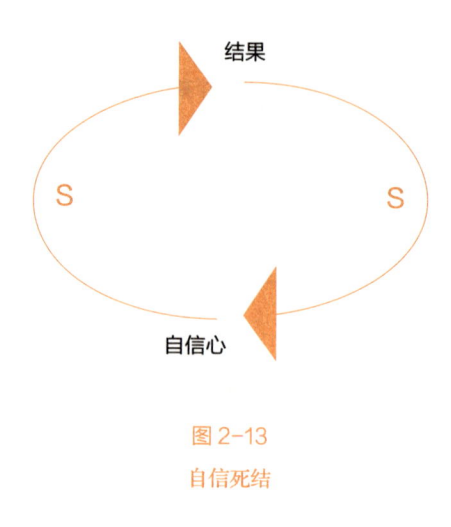

图 2-13
自信死结

其实，不论导致他们自信心丧失的具体原因是什么，有一点是相通的：他们都进入了一个增强回路，而这个增强回路就是自信死结发生的根源。

之前我们说过，增强回路只会带来两种结局：要么是指数增长，要么是加速崩溃。当它向着好的方向发展时，就是指数增长；当它向着坏的方向发展时，就会让一个系统在短期内走向崩溃。"自信死结"就是一个向着坏的方向发展的增强回路。

一个人越是没有自信，工作就越是会出错，创业就越容易失败，亲密关系也越容易出问题；而工作越是出错，创业越是失败，亲密关系越是出问题，一个人就越是没有自信。

那么，这时我们该怎么办呢？有两种方法。

第一种方法是，找到一个能够重建自信的最小项目，然后去做。通过这一点小小的火苗，得到一些正向反馈，然后增加这个最小项目的难度，得到更多正向反馈，直至最终重建自信。这一方法的本质是给这个"自信死结"的增强回路增加一个输入悬摆，这个悬摆就可以是一个小小的工作成果，而它能给自信心带来一段增强回路，让不断被削弱的自信心恢复如初。

那么，什么是悬摆？悬摆共分两类：一类是输入悬摆，一般用来表示期望达到的目标，或者是来自系统外部的驱动或限制因素，又或者是用来确定外部变量数值的具体参数；另一类是输出悬摆，它表示整个系统运作的结果。

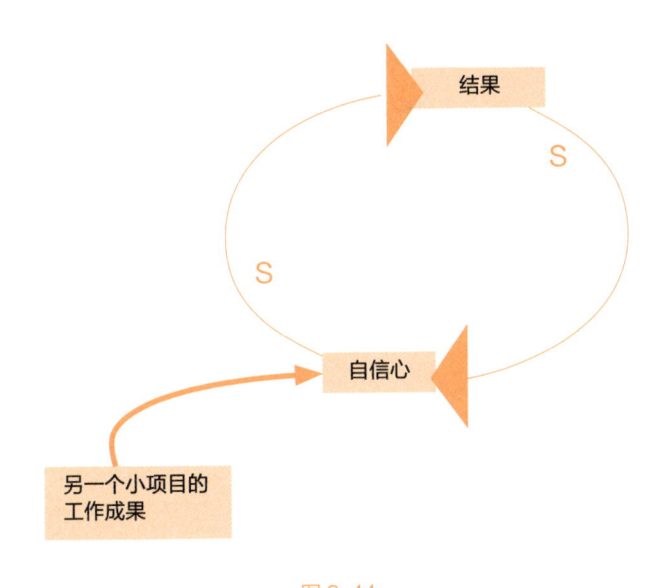

图 2-14
打开自信死结的一个方法

第二种方法是，深刻认识并激活自己的天赋才干。当真正激活了自己的天赋才干后，你就会找回久违了的自信，然后这种自信又会让你在本职工作中取得更大的成就。这一方法的本质也是给这个增强回路增加了一个悬摆，这个悬摆就是对于自己天赋才干的认可与激活，而它能给自信心带来一段增强回路，让不断削弱的自信心恢复如初。这里的"对天赋才干的认可与激活"就是来自系统外部的驱动因素，是一个输入悬摆。

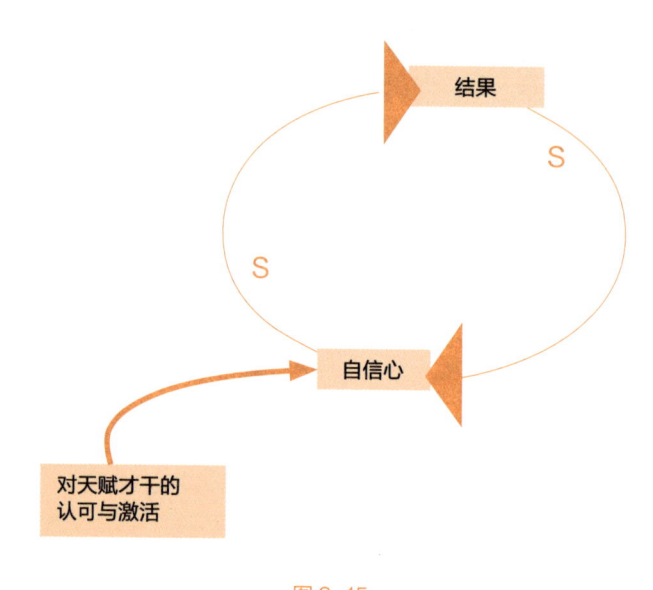

图 2-15
打开自信死结的另一个方法

例子 3：为什么有些人越忙越穷？

有一天，有个人问我说，他一直在做工资很低的工作，为了多赚点钱，他就马不停蹄地加班。虽然他很想去上课学点知识，或者考个证，然后换一份工作，但自己却没有时间。可如果辞职了，他又没钱养活自己，也就没钱去学习和考证了。于是，他就一直做着现在这份非常忙碌却没有时间的工作，但他也不想就这样下去，问我该怎么办。

这个问题乍一看似乎是个死局，但如果你有系统思考的习惯，你可能一眼就看出这个系统的结构了。你很快就能找到这个问题发生的根源，并能找到问题的根本解。

因为现在的工作工资低，所以就只能靠增加工作时长增加收入（O）；因为每天工作时间长，所以可学习的时间就很少（O）；可学习的时间少，就没办法读书、考证、换工作，于是就没办法提升自己的技能与学历（S）；没办法提升技能、拿到学历，于是就只能找工资很低的工作（S），然后继续这样穷。

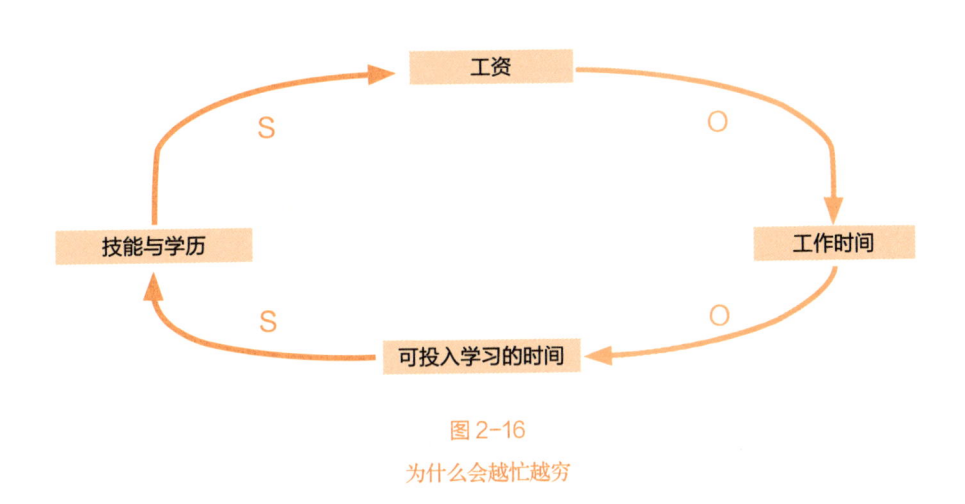

图 2-16
为什么会越忙越穷

这个系统显然是个由增强回路控制的系统。他该如何打破这个死局呢？其实，他可以试着减少现在的工作时长，虽然这会让他的工资变少，但只要能满足他起码的生活，并能够让他读书就行了。然后，他就可以用周末和业余的时间去读书了。这样，等他拿到证书，就有机会打破这个循环了。当然，打破这个循环的过程会非常辛苦，但却值得。

例子 4：为什么越批评越犯错？

有一位来访者跟我说，有一次她的孩子没有考好，她狠狠地批评了她。谁知从那之后，孩子的成绩不但越来越差，对学习的兴趣也越来越小了。

当她回忆整个过程时，她发现，其实是这次批评让孩子进入了一个系统循环之中：因为这个孩子是个比较胆小的孩子，所以，父母对她的严厉批评让她总是感到十分紧张，读书时紧张，考试时紧张，做作业时也紧张（S）；而紧张的情绪降低了她的学习能力与解题能力（O）；能力的下降则使她出现了更多的错误，做作业出错，考试出错，记不住东西等（O）；于是，父母由此对她进行了更多的批评（S）。这就构成了一个增强回路。

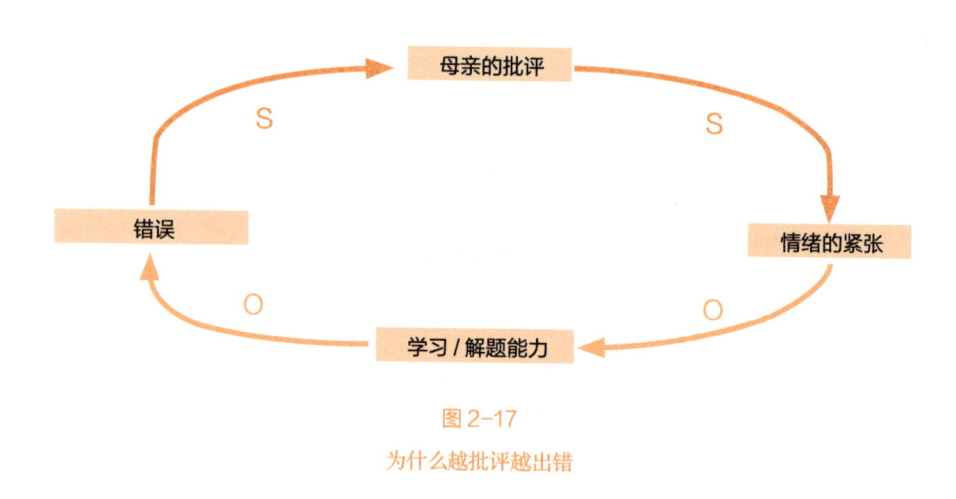

图 2-17
为什么越批评越出错

现在，根据这个系统结构，我们来思考一下：如何打破这一困局？

这时，母亲要停止批评，多进行鼓励与倾听，让孩子不再感到紧张。这样，这个"走向崩溃"的增强回路才能被打破。

例子5：为什么会达到增长的上限？

很多企业家都遇到过这样的问题：企业已经有了满意的客户群，销售收入和利润也在过去很长一段时间内持续增加，然后企业家就将部分利润投入研发，这给企业带来了更多的满意客户，企业规模不断增长。但不知为何，不论企业家多么努力，这个增长到达一定程度后就会停止，不再继续增长。

这个问题的根源是什么？为了找到这个问题的根源，我们先来画一个系统循环图。

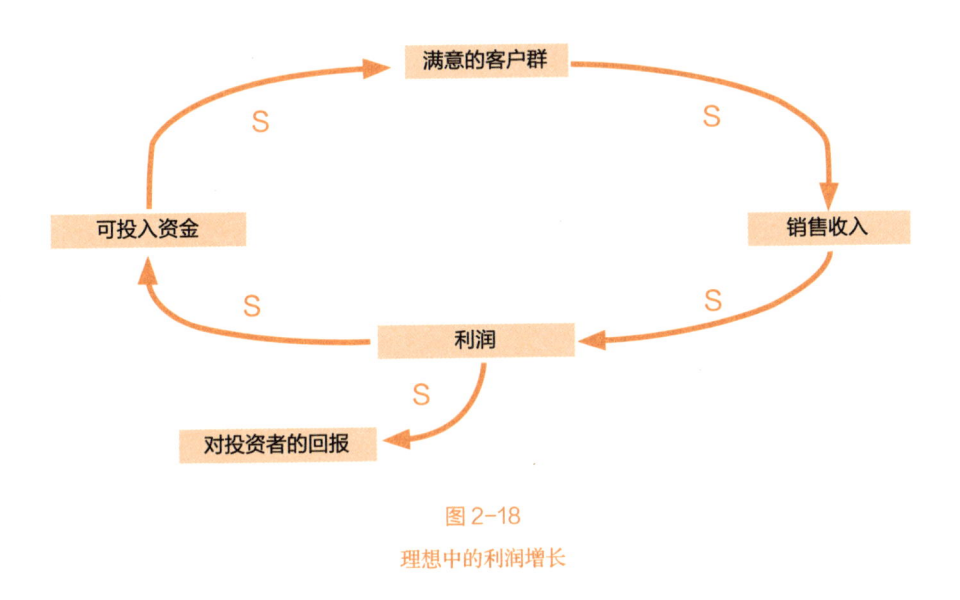

图 2-18
理想中的利润增长

在企业家的心里，这个系统应该是这样的：因为满意的客户群足够大，并且在不断增长，所以企业就能有不断增加的销售收入（S）；不断增加的销售收入会带来越来越多的利润（S）；然后，企业就有了更多的可投入资金，以用于研发（S）；进而，企业就会有更多的满意客户群（S）。这是一个增强回路。

然而，现实却告诉我们，实际的发展状况并非如此。一些在现实生活中可能出现的事件并未体现在这个系统里。比如，所有市场的容量都是有限的，因此，系统还应考虑到"市场份额"以及"市场规模"这两个因素。如果把这两个因素考虑进去，对于任何一个给定的满意的客户群，市场总规模越大，市场份额就越小（这是因为，市场份额 = 满意的客户群 / 市场总规模）。同时，大多数业务的特征是，随着市场份额的上升，吸引新客户的工作会逐渐变得困难。于是，就有了下面这张系统循环图。

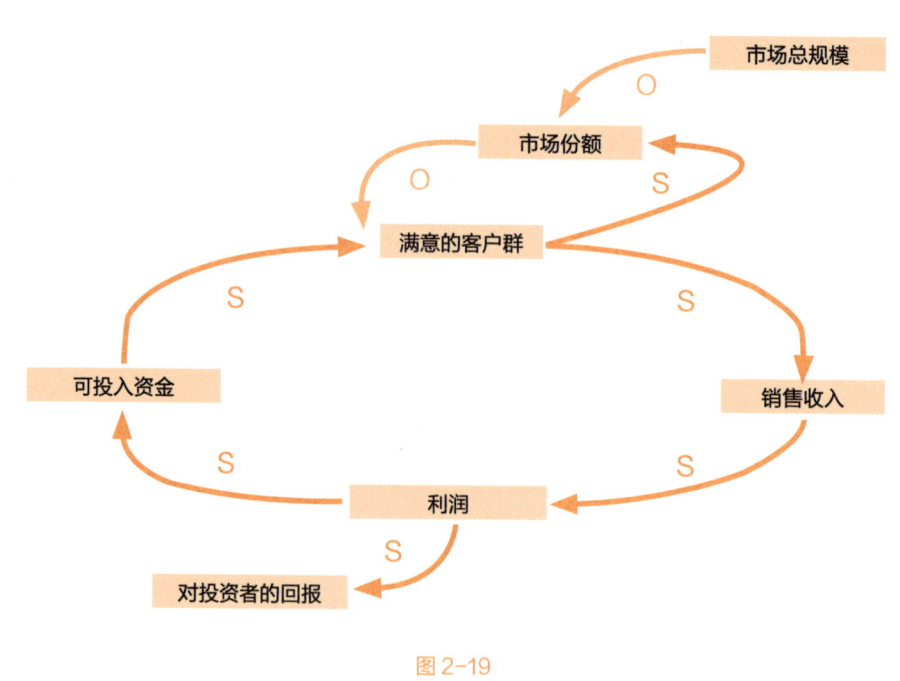

图 2-19
考虑到"市场份额"和"市场总规模"后的利润增长

其中，"市场总规模"是输入悬摆，它代表着来自系统外的限制。"对投资者的回报"则是输出悬摆，代表着整个系统的目标。

事实上，除了市场总规模外，还有很多因素可能会限制企业的增长。比如，当你所处的行业或细分市场利润很高的时候，势必会有越来越多的竞争者被吸引过来。他们会迅速进入这个市场与你进行争夺，于是就有了一个O形悬摆。

此外，如果你的企业做到像谷歌、微软那样，你就会有新的麻烦。比如，很多国家都有反垄断法案，以限制某个企业占据过多的市场份额。这就是一个O形输入悬摆。

于是，就有了下面这幅图。

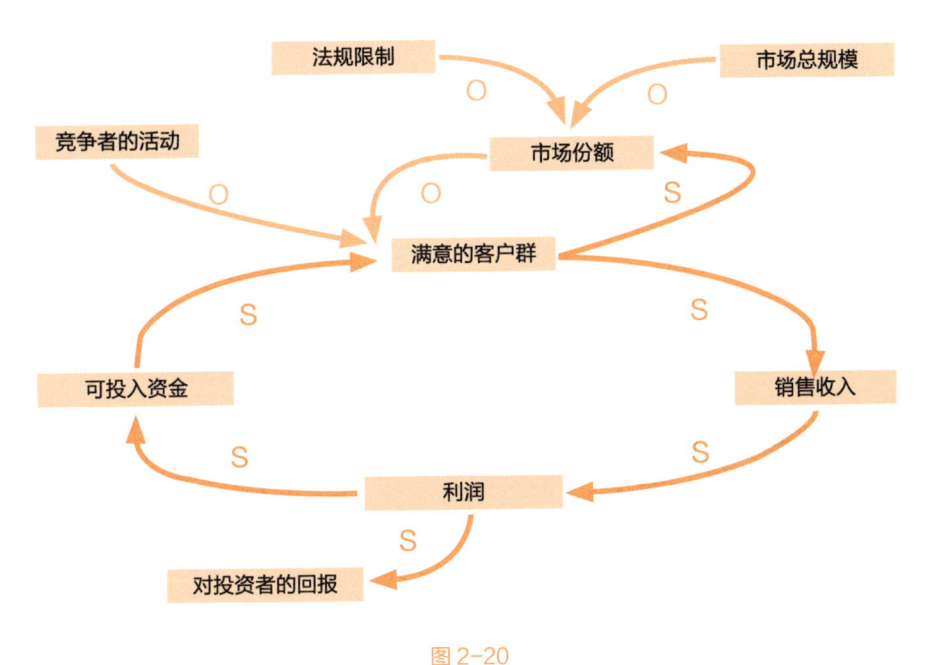

图 2-20
考虑到"竞争者的活动"和"法规限制"后的利润增长

这就是真实世界中存在的三种外在限制：竞争者，市场总规模，法规限制。在系统中，这三种外在限制都用输入悬摆来表示。

但实际上，企业还面临着内在的问题。当一家企业的市场份额扩大以后，企业的内部规模也得以扩大。其结果就是业务管理变得越来越困难，各种低效率现象开始出现，系统逐渐变得笨重，内部的交流沟通遭到破坏……这些低效率引发的额外成本降低了企业利润，并限制了企业成长。

于是，就有了下面这幅图。

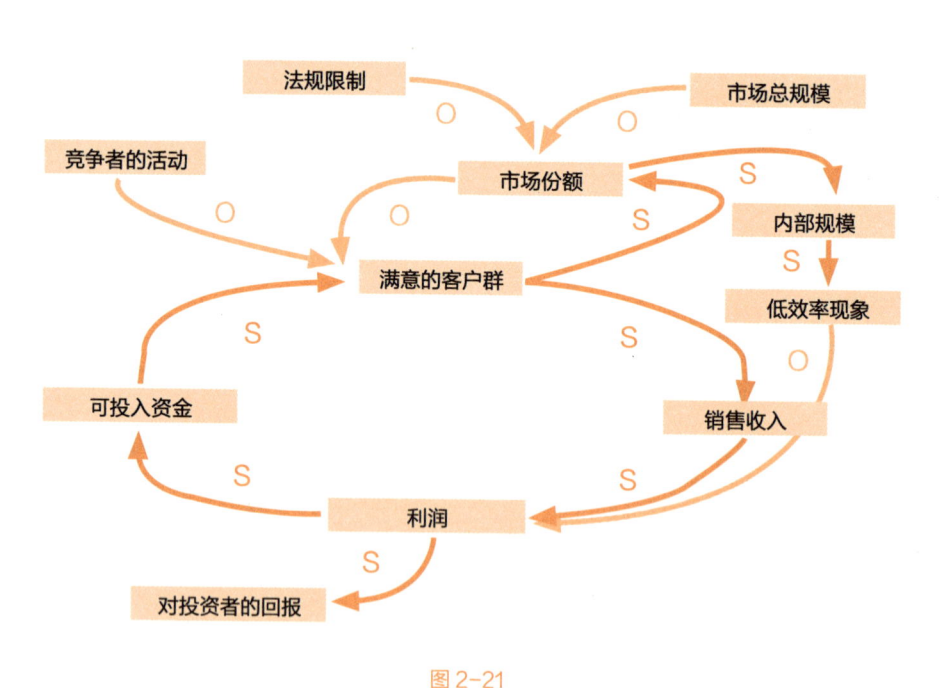

图 2-21
考虑到"内部规模"后的利润增长

写到这里，还没结束。某些低效率现象可能还会妨碍将货物交付给零售商或客户的过程，从而降低销售收入，并和由低效率现象引发的额外成本一起降低利润。而由此导致的客户服务恶化可能也会对原有的满意的客户群产生不良影响。

于是，就有了下面这幅图。

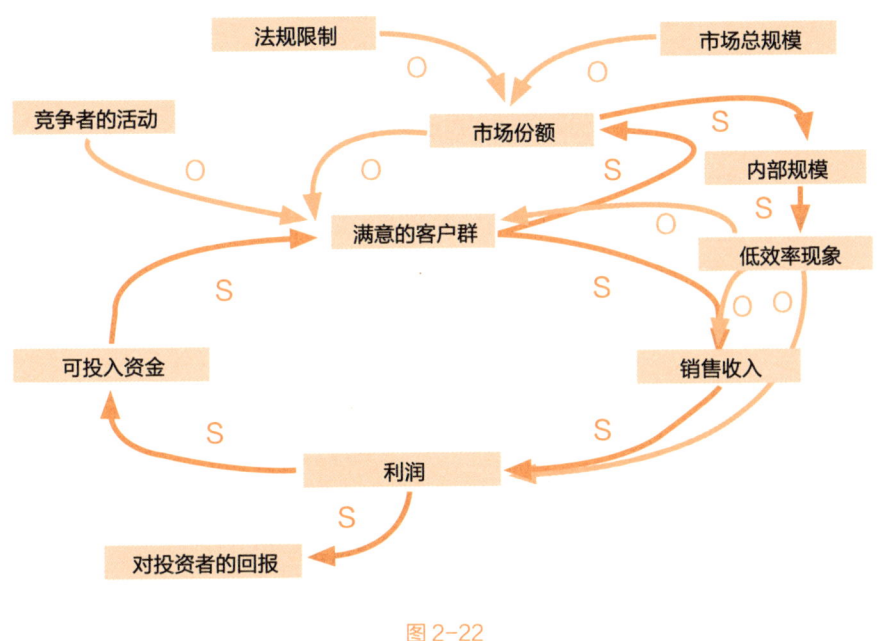

图 2-22
为什么会达到增长的上限？

可见，作为一家企业的管理者，他的一项非常重要的工作就是要去了解到底是什么阻碍了企业的发展——其实正是这个系统的结构。在找到问题根源后，企业管理者就要在合法范围内想办法解除这些"调节回路"的束缚，消除它们的影响，让最初的增强回路占据上风。

所以，要想通过系统性分析法找到问题的根源，我们就得用系统循环图画出系统结构。这样，我们才能看到系统究竟是怎样运作的——其中的增强回路是怎样的，调节回路是怎样的，悬摆是怎样的，时滞又是怎样的。

当我们能够看清整个系统的结构与运作模式时，问题的根源自然就会水落石出，而问题的解法也会变得更为清晰。

找到现象背后底层逻辑的假设法

请先思考一个问题：全世界为何会有那么多形形色色的企业？只有一家企业或是每个行业只有一家企业不行吗？答案是：不行。这是因为随着企业规模的扩大，企业内部的交易成本会不断上升，当企业内部的交易成本上升到超过外部交易成本时，企业就会停止扩张。这就是为什么会有这么多不同企业的原因，这涉及经济学中的一个著名概念——交易成本。

不要小看"交易成本"这个词，它能解释很多现象。比如，当市场交易成本高于企业内部的管理协调成本时，企业便产生了。企业的存在正是为了节约市场交易成本，即用成本较低的企业内部交易代替成本较高的市场交易。因此，我们可以说，是交易成本与管理成本的对比，确定了一家企业的边界。交易成本越低的事，就越应该外部化；管理成本越低的事，就越应该内部化。

同时，交易成本理论也告诉我们，为什么企业并购会有很多失败案例。这是因为，并购失败这件事从根本上来看，往往都是由于并购虽然让外部市场的协同效应上升，但同时也会让企业内部的交易成本上升。

这就是由诺贝尔经济学奖获得者科斯提出的交易成本理论，你知道他是如何提出的吗？科斯先是做了很多企业研究，调查了一批美国企业"在什么情况下购买、在什么情况下自行制造"的实例。然后，他对这些实例进行了归纳，得出以下结论：如果企业为购入要素自己制造而支付的费用低于它直接从事产品买卖的费用，企业就自己制造；反之，企业则购买。最后，科斯从这个结论中抽象出了一个可以用来解释更大世界中企业行为的经济学概念，那就是交易成本。在整个过程中，我们可以看到，经济学家科斯正是用先归纳后抽象法得出交易费用这个底层逻辑的。

总之，我们可以先归纳，再抽象，然后对现象背后的底层逻辑作出大胆的假设。

在使用先归纳后抽象法时，我们还需注意两件事情。

第一，防止过度抽象。一般来说，抽象程度越高，得出的底层逻辑的普适性就越高，但它的实际指导性也会变弱。

第二，注意区分随机事件与规律性事件。虽然从现象中找到底层逻辑至关重要，但必须区分这些现象到底是随机事件，还是非随机事件。如果是随机事件，是不可能有规律可循的。

比如，1940年的伦敦大轰炸。当时，伦敦在德军导弹的攻击下损失惨重。伦敦的报纸公布了所有受到轰炸的地点之后，人们发现，有些地区反复受到轰炸，而有些地区则毫发无损。这对英国人来说是一件非常恐怖的事，因为这意味着德国导弹的精度非常高，指哪儿打哪儿，可以对准一个地方进行反复轰炸。很多伦敦老百姓觉得，那些没被轰炸的地区可能是德国间谍居住的地方，于是，很多人开始搬家。可是，战争结束后，英国人获知的真相是，德国当时的导弹精度差得很，他们只能大概把导弹投向伦敦，根本无法控制落点。也就是说，伦敦各个地区受到的轰炸完全是随机的，那些地区之所以被反复轰炸只是因为碰巧而已，并无道理可言。

第三节

小心求证
若得不到证明，重新假设，再次求证

　　为什么在医院看病时，患者经常需要做些检查（比如验血、验尿或者B超、CT等）？这是因为，医生需要通过这些检查对自己给出的疾病假设进行足够充分的验证。完整的步骤是这样的：首先，医生会根据患者主诉以及能够看到的症状先做病症假设，然后再对这个假设进行验证，从而确定患者所患的病。此处还以前文的例子来说明，某人因咳嗽、吐血、四肢无力去医院看病。通过问诊，医生了解了病人的病情、病史以及生活环境，于是，医生提出了一个关于患者病情的假设：这个病人可能患有肺结核。如果有，那么病人的肺部就会有病灶，痰里也会有结核杆菌。根据上述论断，医生开出了检查单，让病人去拍CT，看看肺部是否有病灶。同时，医生让患者去化验室查一下痰，看看痰里是否有结核杆菌。最后，医生再根据这些检查结果得出结论。如果所作假设被证实，那么假设就成立，病人患有肺结核。否则，假设就被推翻，医生需要对患者的病因重新提出假设，然后再进行一轮验证。

　　从这个看病过程中，我们就能看出，前半段是"形成假设"的阶段，根据问诊结果，假设这个患者"患有肺结核"；后半段则是"小心求证"的阶段，通过拍片、化验等方法来验证这一假设。如果所作假设被证实，那就说明这位患者的确患有肺结核。相反，医生则需重新提出假设，再做一轮验证。

小心求证的三种方法

方法一：向自己提问

在大胆假设后，你要问自己：除了这个假设，还有其他替代假设吗？比如，你说："都过去 8 个小时了，我男朋友还没有回我信息，他肯定是生我气了，不愿再理我了。"对于这个问题发生的根源，你的假设是：男朋友肯定生你气了。这时，你可以问自己："除了这个假设，还有其他替代假设吗？"比如，也许他正忙着工作或开会，也许他的手机没电了……

当你发现卫生间地板上有一摊水的时候，你可能会说：家里人可能不小心把水洒在了地上。然而，它可能还有其他原因：第一，马桶漏水；第二，洗脸盆漏水；第三，天花板漏水。可见，同一件事可能会有多个不同的解释与原因，因而能够作出不同的假设。

在比较几种可能的假设时，你可以使用以下三个标准：第一，逻辑上的合理性；第二，与你所学其他知识之间的一致性；第三，用这个假设是否能解释过去的事件，是否能够预测未来的事件。

比如，当你思考零售的本质时，根据先归纳后抽象法，得出一个假设：

零售的本质是把人与货连接在一起的场。这时，如果想要验证这一假设，你就需要问问自己：对于零售的本质，我是否还有其他替代假设？如果有，它是否比现在这个更准确？在逻辑上更合理？与其他商业理论更契合？是否更能解释各种各样的零售现象？是否更能预测未来的零售现象？

这就是依据三个标准对不同假设进行的比较与评估。最终，你就能在众多可能的假设中得到一个最佳假设。

方法二：通过试验验证

通过试验来进行小心求证。药品研发和医学研究中的随机对照试验就是这种验证方式。比如，将同类型的患者随机分为两组，一组给新药，一组给老药，而患者并不知道自己吃下的是刚刚研发出的药，还是已经上市很长时间、验证有效的老药。然后再来观察，看看在服药后两组患者的身体都发生了哪些变化、药物对疾病的治疗效果如何，从而判断新药比老药是否更加有效或者更加安全。

这是一种非常正规且有效的试验验证法。同理，对于我之前说过的那个失眠问题，我对自己提出的假设也是通过试验来进行验证的。这个试验长达两周，在这两周里，我改变了与睡眠相关的一系列行为，就是想验证自己之前提出的那个假设。而最后的结果也证明，我的假设是正确的，通过改变行为，我的睡眠的确变得越来越健康了。

方法三：举出反例

事实上，一个底层逻辑越是普遍适用，找到反例的机会就越大。

那是1927年举办的第五届索尔维会议，是一场物理学家大会。当时，参加争论的一方是爱因斯坦，他坚信量子力学是错误的；另一方是量子力学的奠基人，属于物理学界青年一代的沃尔夫冈·泡利、沃纳·海森堡，还有尼尔斯·玻尔。

每天吃早餐的时候，爱因斯坦总会遇到他们三个人，并向他们提出反对这一理论的看法。爱因斯坦总能想出一个实验来，并从中得出这一理论并不正确的结论。泡利和海森堡虽然听到了他的不同意见，但不予理会。而玻尔总会非常认真地对待爱因斯坦的看法，他会花上一整天的时间来思考如何反驳。每天到吃晚餐的时候，他就能想出办法让爱因斯坦的论据站不住脚。

但爱因斯坦并不服输。三年后，在第六届索尔维会议上，他又想出了新的点子——光子盒实验。他想用这一实验来推翻测不准原理（量子力学的一个基本原理）。爱因斯坦说出了自己的看法后，玻尔非常紧张，像是受到了巨大的威胁，因为他无法立刻找到爱因斯坦的漏洞。直到第二天，玻尔终于发现了爱因斯坦论据中的一个错误，狠狠地反驳了爱因斯坦。这个胜利提高了在场的物理学家对量子力学的认可度。而爱因斯坦也并未就此服输，直到生命的最后，他都认为量子力学是错误的，但是他没办法给出一个有效的反例加以证明。

同理，对于我们自己作出的假设，我们也可以通过不断举反例的方法来进行验证；如果用一两个反例就能让假设失效，那么这个假设肯定就是站不住脚的。

逻辑上可能出现的各种谬误

在采用各种方法进行验证的同时，我们还得注意逻辑上可能出现的各种谬误。很多谬误早已悄然种在了我们的心智模式之中，而我们常常并不自知。

我将这些谬误分成了两类：第一类是基本谬误，第二类是对问题根源作出假设时可能出现的谬误。

第一类：基本谬误

（1）从众效应

从众效应是指人会下意识地让自己的想法向大多数人的想法靠拢。因为从众效应，人们很容易按照大多数人的想法得出一个假设，并将假设当成结论，不去验证那个假设是否正确。

比如，当大多数人都说"幸福就是财务自由"的时候，有的人很可能也会这样认为。于是，他就会认为自己找到了"幸福"的根本属性，认识到了幸福的本质。但是，幸福的根本属性真的就是"财务自由"吗？

（2）服从权威

服从权威意味着听信权威对于事物根本属性、问题根源或底层逻辑的断言，而自己不去加以判断，也不去进行验证。

古希腊时期，当苏格拉底的学生、著名哲学家柏拉图说出人的定义后，如果大家都不去质疑，那人就会被定义成"没有羽毛、两脚直立的动物"了。

所以，即使面对权威，我们也要保持独立思考与批判性思考的意识，对他们提出的结论，我们也要有意识地进行验证和推理。

（3）以偏概全

在进行本质思考的时候，我们常会用到归纳推理。但是，由于我们并没有获得所有的样本，所以我们必须特别小心，在归纳时要避免过度概括、以偏概全。

比如，有一名销售员，他一直是靠和客户的采购搞好关系来获得订单的。长此以往，他可能会得出这样一个结论：销售的本质就是关系管理。而实际上，这个说法并不准确。这里他就犯了以偏概全的错误，因为除了关系，产品、战略和营销也很重要。特别是在不同的行业和领域中，产品、战略和营销很多时候可能比关系更重要。

第二类：对问题根源作出假设时可能出现的谬误

（1）将相关性当作因果性

下暴雨的时候，我们都是先看见闪电，再听到打雷。于是可能就有人说，因为出现了闪电所以才会打雷。真的是这样吗？

A 和 B 相继发生，于是就说 A 是 B 的原因；或者，A 与 B 之间有共变关系，于是就说 A 是 B 发生的原因。这些都是"将相关性当成了因果性"，因为这些推理并未排除以下三种可能：第一，A 与 B 之间的联系是巧合；第二，A 和 B 都是由第三个因素引起的；第三，是 B 引起了 A，而不是 A 引起了 B。这就是将相关性当成了因果性，这种谬误在我们日常的生活中非常常见。我们常常在没有小心求证之前，就将 A 和 B 当成了因果关系。

在分析问题根本原因的时候，要特别小心这种谬误。

（2）过度简化因果关系

打开水龙头，水就从水管里流了出来；拧上水龙头，水就停了。于是，有人认为，"打开水龙头"就是有水与没水的根本原因。但这并不正确，因为它过度简化了因果关系。

成功学也是一种过度简化因果关系的例子。我们常常将一个企业的成功归结于创始人的特立独行，或者是他的智商超群；但实际情况并非如此，特立独行与智商超群可能也是原因，但肯定还有更加重要的原因，比如外部的宏观因素等。

如果只见树木，不见森林，我们就会将事物发生的原因归结于那些"树木"，却不知导致问题发生的原因正是那片"森林"。这时，我们就需要用到结构性分析法与系统性分析法。这样，我们才有机会看到"森林"。

（3）混淆均值回归与因果关系

这也是一个非常容易发生，但却很难察觉的归因错误。

"均值回归"的意思是，在一系列的运气事件中，偏离平均值的异常出色或糟糕的表现（高分或低分）、极端事件等发生后，紧接着会出现普通表现或者不太极端的事件。换句话说，如果这次我们的表现非常惹眼，下次我们的表现就会稍逊一筹；而如果这次我们的表现不尽如人意，下次可能就会好一些。

所以，下面这些情况的发生就非常正常：一个篮球队员在一场比赛中表现非凡后往往难以在下一场比赛中再展雄风；一个第一学期考试成绩非常好的学生往往在第二学期表现得略显逊色。

（4）当下认知偏见

不论何时何地，人们都愿意去相信那些符合他们当下认知的因果解释，即使这些解释与所得数据并不吻合。这是思考问题极度主观化的表现——既没作认真假设，也没进行小心求证。这样的认知偏见会影响我们对事物的正确认知和判断。

第四节

本质思考的必要条件
没有了辅助线，有些题目就会无解

古语有云：台上一分钟，台下十年功。

如何才能做到半秒看透问题的本质？其实，要练就这样的能力绝非一日之功，它需要我们不断地练习。只有这样，我们才能真正拥有"半秒看透本质"的能力。

在练习过程中，除了要掌握正确的思考方法，我们还需要拥有以下必备条件。

要有好奇心，勇于提问

你能想象一个缺乏好奇心的人去探究问题的根源、琢磨事物的根本属性、思考现象背后的底层逻辑吗？肯定不能。原因很简单，如果一个人对这些东西都不好奇，自然就不会去思考这些。所以说，好奇心是进行本质思考的首要条件。一个具有强烈好奇心的人往往更有可能发现事情的真相，找到事物的本质。

事实上，好奇心不仅是进行本质思考的首要条件，它也是进行一切思考的首要条件。

拥有好奇心的主要表现是勇于提问，不断追问。所以，在日常生活中，我们要养成不断提问、连续追问的习惯，直至找到满意的答案。这对我们保持好奇心大有裨益。

要有足够的知识

如果一个医生缺乏足够的医学知识，他还能根据患者的症状进行起码的假设和推理吗？肯定不能。即使他对假设与推理的方法烂熟于心，但如果他不知道感冒与肺结核的区别，那么对于患者疾病的诊治，他还是会一筹莫展。

前文中，如果福尔摩斯没有足够的地理学知识和生活常识，他能准确判断出华生是刚从阿富汗回来的军医吗？肯定不能。

所以说，即便你熟练掌握了进行本质思考的方法，如果你缺乏相关领域的知识，你还是会一筹莫展。

可见，不断学习知识，尤其是你所关注的领域和学科的知识，是进行一切思考，尤其是本质思考的重要基石。

要不断提高自己的联想能力

关于联想能力，《专注力》这本书中写道：

一天夜里，你被外面的吵闹声弄醒了。你出去一看，发现有一群人，其中有一个人开着一辆很名贵的轿车，他跟你说他们正在玩一个叫"拾荒者"的游戏。由于一些原因，他必须要赢得游戏，现在他需要一块宽1米、长1.5米的木板，如果你能帮忙的话，他愿意给你1万美元作为报酬。你会怎么办？被测试的大多数人都没有想到，只要把门拆下来给他就可以了。也许你会说，现在的门都是钢的，没关系，那你有没有想到床板、衣柜的门、大桌子的桌面之类的？

这个问题测试的就是心理学上所谓的"范畴陷阱"。"木板"这个词在你脑海里的概念如果是指"那些没有加工的，也许是放在木材厂门口的、作为原材料的木板"的话，那么你就会在下意识里迅速为"木板"划定一个搜索范围，你也会迅速想道："这深更半夜的，叫我上哪儿去找木板呢？"如果你一下子就想到了，那么很可能"木板"这个概念在你脑子里的范畴更大、更抽象，它包含了所有"木质的、板状的东西"。

这就是联想能力。

当一个问题出现的时候，人们会不自觉地联想到一些无法直观看到的事物。所以说，联想是进行假设以及推理的关键之一，它能帮助我们从现有事物出发去进行思考。从这一层面讲，联想具有一定的猜测性。

要想养成良好的思维习惯，我们就要进行所有可能的联想。可是，这也似乎不是所有人都具备的能力，或者说，有人进行"联想"所推测出的东西很可能是远离结论的。

那么，如何真正提高我们的联想能力呢？

很显然，这要用到我们的经验和学过的知识。

所以，要想进行高质量的本质思考，你得丰富自己的知识、增加自己的阅历，从而不断提高自己的联想能力。联想力不同，结论的准确性也会不同。而联想并不是漫无边际地遐想，或者是随心所欲地东想西想，更不是断断续续地想这儿想那儿。联想必须具有条理性和连贯性，而且要恰当合理、符合实际。

这就是残酷的现实，即便我将整个思考路径抽丝剥茧地放在你的面前，如果知识不够、阅历有限、联想不足，认知局限性仍旧会牢牢地困住你。

就好比初中时做几何题，如果你不知道可以画"辅助线"这回事儿，有些题目是永远也解不开的。联想就像是"辅助线"，能帮我们打破认知局限，作出好的假设与推理。

因此，对一个人而言，同时具备这些当然会有一定困难。因为一个人可能有着丰富的联想力，却因个人经验浅薄而无法获得足够的信息和事实去为联想提供依据；抑或他阅历丰富，读万卷书行万里路，但是联想力差，不善于联想；又或者他前两个条件都满足，但是思路混乱，看到一个事实，思绪就会如脱缰的野马般一发不可收拾。

所以，这些都是本质思考的必要条件，是必须不断练习的。

要有思考的持续性

思考的持续性有两方面的含义。

第一，我们要对同一问题进行持续不断的思考。尤其是复杂问题，有时甚至需要思考很多年。

对于"幸福""有意义的人生"等问题，我就进行了数十年的持续思考。相对而言，对简单问题的本质进行思考就容易很多，大家也更容易达成共识。

在对复杂问题或深刻的问题进行持续思考时，我们就需要一边思考，一边丰富自身的知识和阅历，并与其他人进行交流。这些都会有助于我们找到答案。

正如爱因斯坦所说："不是我聪明，只是我和问题周旋得比较久。"

第二，思考的持续性也体现在，每当思考问题本质的时候，我们都需要集中注意力，让自己的思绪沿着一定的方向进行。

也就是说，在思考问题时，我们要有一个方向，就像战士攻打城堡，不论用什么样的方法，最终的目的都是攻占城池。持续思考也是同样的道理，无论采用怎样的思考方式，思考的方向是不变的。

这里需要注意的一点是，持续思考并不意味着在思考许久仍想不出答案的时候，继续逼着自己思考。

相信很多人都有过这样的经验，拼命想的时候答案怎么都想不出来，不去想的时候，答案却自动冒出来了。为什么？这是因为潜意识也会工作，它非常神奇。

你要相信，那些百思不得其解的问题早已扎根在你的头脑中，即使你不再刻意去想，潜意识也会自动围着它转。或许有一天，你会突然得到答案。这也是为什么有时我们会有顿悟的感觉。学会等待，也是进行持续思考的一个重要方法。

爱因斯坦说：

自从柯南·道尔为我们创造了那些引人入胜的故事以来，现在，基本上每本侦探小说都会出现一个这样的时刻：调查人搜集了所有的事实，这些事实起码能够解决一部分问题，但这些事实看起来有些奇怪，前后衔接不起来，彼此毫不相关。然而，伟大的侦探家知道，这些调查已经足够了，现在只剩下一些思考活动了，以便把这些搜集来的资料组织起来。所以，接下来他会拉一会儿小提琴，或懒洋洋地坐在沙发里抽抽烟。突然间，柳暗花明，他就找到了答案。

相对平静的情绪

情绪越紧张，人就越不可能进行清晰的思考并采取冷静的行动。一个暴怒的人是不可能成为理性思考的典范的。所以，我们要学会觉察自己的情绪，这样，我们才能保持相对平静的情绪，让思考变得更加清晰、更有条理。

最后，需要说明的是：在思考问题的本质时，能否得出结论可能还不是最要紧的，关键是，我们在思考问题的本质时，能否沿着正确的路径不断进行下去。坚持下去，终有一天会拨云见日。

对于"艺术是什么"这个问题，从古至今，有无数哲学家、艺术评论家试图给出一个完美的答案。然而，迄今为止，这个问题也没有一个举世公认的唯一答案。但是，如果去看他们的思考方法与路径，我们就会发现，他们每个人都进行了非常深入、触及本质的思考。因此，我们不能因为没有出现一个举世公认的唯一答案，就说这些哲学家和艺术评论家的思考是没有意义的。

本章小结

高手是如何看透三个本质的？答案是，运用溯因推理的方法。

那么，溯因推理是怎样一种方法？只需记住八个字——大胆假设，小心求证。

1. 大胆假设

对事物根本属性作出假设的两种方法：求同求异法和先归纳后抽象法。

对问题根源作出假设的四种方法：穆勒五法、5Why 提问法、结构性分析法、系统性分析法。

对现象背后底层逻辑作出假设的一种方法：先归纳后抽象法。

2. 小心求证

求证的三种方法：向自己提问，通过试验验证，举出反例。

小心谬误：需要小心基本谬误与因果谬误。

花半秒钟就看透事物本质的人，
和花一辈子都看不清事物本质的人，
注定是截然不同的命运。

下部

思维破局

洞察转机，做掌握命运的少数人

如果说思考问题的本质可以让我们的思维能力实现一次重大提升，那么，迁移思考、升维思考和逆向思考则可以让我们的思维能力实现第二次重大提升。

通过迁移思考，我们可以将思维模型和底层逻辑运用到更多的领域，从而解决各种各样的问题。

同时，我们也会发现，思考问题的本质并不能解答世界上所有的问题。这时，我们就要提升思维高度、增加维度，甚至跳出原有的框架，这就需要进行升维思考。升维思考能帮我们解决"无解之题"，让我们看到更宏大更高维的世界。

最后，在进行了无数次的正向思考后，我们可能会出现思维定式，习惯性地沿着一个方向思考。这时，我们就需要进行逆向思考了。在这部分，五个"正向-逆向"思考模型会让我们学会从正反两个方向去看同一件事，从而让我们获得更加全面、透彻的思考力，拥有更多的创造力。

第三章

迁移思考

如何用 80 到 90 个重要模型，
解决 90% 的问题

查理·芒格说过一句耐人寻味的话："一个人只要掌握 80 到 90 个思维模型，就能够解决 90% 的问题，而这些模型里面非常重要的只有几个。"

然而，人生如此复杂，世事变化万千，80 到 90 个思维模型如何能解决 90% 的问题呢？其实，这是因为这些模型可以在不同领域进行迁移运用。

这就是查理·芒格这句话背后隐藏着的深意：想要顺利解决 90% 的问题，你不仅需要掌握 80 到 90 个重要的思维模型，还得学会对它们进行迁移运用，而这就是接下来要讲的迁移思考。

在查理·芒格所有的书和演讲中，他虽然从未提到过"迁移思考"这个词，但他自己正是这样做的。他举过一个例子，说化学中有一个原理，叫自催化反应（反应产物对反应速率有加快作用的反应称为自催化反应）。比如，工业上的发酵过程就是典型的自催化反应过程。然后他说，在生活中我们也会碰到自催化现象。在这个过程中，反应速率不断加快，但根据物理学法则，世界上没有永动事物，所以，这种运动只能持续一段时间。当然，我们能从中受益匪浅。因为我们不仅完成了 A 任务，同时还完成了 B 任务和 C 任务。接着，他讲述了这一化学现象在日常生活中得到借鉴的案例：

> 迪士尼就是这方面的一个完美典范……他们拍摄的电影是有电影版权的。就像制冷技术推动了可口可乐的销售一样，在有录像带以后，迪士尼不需要发明任何东西，只要把拍摄完成的电影拿出来，做成录像带就行。

在这个例子中，查理·芒格向我们展示了他从未提过却运用自如的思维方式——迁移思考。他是怎样做的呢？查理·芒格先是提到了化学中的自催化反应。简单来说，它的本质就是自身的产物可以让自身发展进一步加速，这是非线性的。

然后，查理·芒格将它迁移到了商业领域——用这个化学现象来说明迪士尼的商业模式。迪士尼做的其实就是一件事——拍电影。电影是迪士尼的产物，这个产物除了能给迪士尼带来一定的收入外，还能使迪士尼进一步发展壮大。比如，电影中的卡通形象衍生出了迪士尼乐园，以及各种礼品、衣服和玩具等，增加了迪士尼的收入；同时，这些衍生品也强化了迪士尼的品牌形象，增加了目标客户对迪士尼的喜爱，这样就会有更多人去买录像带（过去），或是愿意为迪士尼的电影付费（现在）。

从化学中的一个现象，想到了商业中的一种模式，进而将其解决方法迁移过去，这就是迁移思考。

除了查理·芒格，数学家 G.波利亚也是迁移思考的高手。在《怎样解题》这本书里，波利亚向我们介绍了一种非常重要的思维方式——如何用类比推理解数学题。他说，通过研究或回忆一个真正类似的题目是如何被解决的，也许就能在解答眼前的题目时借用一些重要的思路。而所谓真正类似的题目，说的正是那些本质相似的题。

所以，解答眼前题目的方法是先找到通过抽象与眼前题目"表面不同、本质相似"的题目，通过借用这个题目的解答方法，解决眼前之题。

现在，我们总结一下到底什么是迁移思考。

迁移思考就是先找到经过抽象与当前问题"表面不同、本质相似"的问题，通过借用这个问题的解决方法，来解决当前问题的思维方式。

那最适合迁移运用的是什么呢？当然是思维模型和底层逻辑，它们具有相当程度的普适性。

这就是本章将要讨论的问题：如何通过对思维模型和底层逻辑的迁移运用，找到问题的解决办法。

第一节

思维模型
帮你更好地理解现实世界的人造框架

什么是思维模型？

在回答这个问题之前，我们先看看什么是"模型"。

查理·芒格给"模型"下过一个定义——任何能帮助你更好地理解现实世界的人造框架都是模型。

美国航空公司每年要接待几百万乘客，创造上千亿美元的价值。而谷歌创造的价值相对较少，却赢利更多。2012年，谷歌只创造了500亿美元的价值，利润率却是当年航空业的100多倍。

为什么会这样？

这个看似非常复杂的现象，经济学家只用两个简单模型就给出了解释：一是完全竞争，二是垄断。

完全竞争是一种不受任何阻碍和干扰的市场结构，指那些不存在足以影响价格的企业或消费者的市场。市场上存在大量的具有合理的经济行为的卖者和买者；产品是同质的，可互相替代而无差别；卖者或买者对市场都不具有某种支配力或特权，产品价格由市场来定。

垄断说的是垄断公司拥有自己的市场，可以自行定价。因为没有竞争，所以垄断公司可以自由决定产量和价格，以实现利益的最大化。

美国航空公司所处的市场是完全竞争市场，而谷歌所处的市场是垄断市场，所以，两者之间的利润率才会有那么大的差距。

这就是用"模型"（也就是查理·芒格所说的"人造框架"）将看起来纷繁复杂的事物简单化、抽象化的方法。它是对信息的压缩，是帮助人们理解事物、解决问题的最佳框架。

查理·芒格说："思维模型会给你提供一种视角或思维框架，从而决定你观察事物和看待世界的视角。顶级的思维模型能提高你成功的可能性，并帮你避免失败。"

可以说，思维模型就是我们大脑中用于做决策的工具箱。有时可能表现为一个用于分析的框架，比如 SWOT 分析模型；有时可能表现为一个简单的理论，比如心理账户理论。用时髦的话说就是：思维模型就是安装在我们头脑之中的 App。

在想确定假期行程时，我们打开手机，点一下上面的旅行类 App，看看别人都去哪儿玩。在想预订酒店时，我们打开手机，点一下上面的住宿类

App，完成酒店预订。

同理，在设定工作目标时，我们可以用 SMART 思维模型，以制订一个清晰的、可执行的计划。当需要进行竞争分析及策略研究时，我们又会用 SWOT 分析模型，用它来帮我们进行分析，制订策略。

手机上的 App 是那些能够直接拿来使用的工具箱，而思维模型一旦扎根于我们的头脑，也就成了我们可以直接拿来使用的工具箱。因此，我们头脑中拥有的工具箱越多，我们就越能快速做出正确的决策和选择。

那么，如何将思维模型迁移运用到工作、生活中呢？有三个关键步骤：第一步，将某一思维模型的本质抽象出来；第二步，与眼前问题进行类比；第三步，将思维模型的解决方案迁移运用到眼前的问题上。

接下来，我用三个真实案例予以说明。

"不均衡发展策略"模型

读高中时，我在一节历史课上学到了印度的一项经济发展策略——"不均衡发展策略"。它对当时印度的经济产生了非常重大的影响。

这是怎样的一个策略呢？

当时，印度的轻工业和重工业都不发达，他们想要迅速提升自己的经济实力，但因为资源有限，无法实现全面提升，于是，他们就采取了这样一种策略——先集中力量发展较为容易的轻工业，等轻工业发展到一定程度后，再集中力量发展重工业。

因为轻工业所需资源相对较少，所以更容易在短期内取得效果；同时，轻工业的发展也能为重工业的发展打下一定的基础，让重工业的发展更加容易。

正是因为采取了"不均衡发展策略"，印度经济在短期内获得了非常快速的提升。

这个策略让我印象深刻。

后来上高三时，我发现，要想在有限的时间内将数学成绩考到我满意的分数是一件非常困难的事。然后，我想到了印度发展经济采取的"不均衡发展策略"，于是我灵光乍现，觉得可以用这个策略来进行高考复习。

策略实施前，我复习数学时将大部分时间都用在了最后一道大题上，但收效甚微，因为这道题是整个数学试卷中最难的部分。这样做我就没有时间去复习其他类型的题目了，比如选择题、填空题等，这就导致了我在回答这些问题时经常出错，得分不高。

可以说，当时我面临的情况是，在最后一道大题上用了太多时间，但收效甚微；同时，由于没时间复习简单题目，所以做简单的题目时，错误频出，得分不高。

将"不均衡发展策略"迁移运用到数学复习中后，我是这样做的：将数学试卷中最后一道问答题当成印度经济体系中的"重工业"，其他题当成印度经济体系中的"轻工业"。那么，根据"不均衡发展策略"，我的数学复习策略就是：先全力练习选择题、填空题和简单的问答题等，再练习最后一道比较难的问答题。而不再像之前那样，先练习最难的问答题。

于是，在高考数学第一轮复习时，我全力练习前面那些看似不起眼但实际占分很多的选择题和填空题等，目标是力争全对；在高考数学第二轮复习时，我开始全力练习最后一道问答题之外的其他问答题，力争全对；最后，在高考数学第三轮复习时，主攻最后一道问答题。

当时我估算过，如果复习时间不够用，实在来不及的话，我只要保证前面的题目准确率高即可，最后那道大题不管能不能得分，我都能得到自己想要的分数。

最后，我的高考数学成绩证明了这一策略的正确性。我的选择题和填空题得分很高，简单问答题扣分很少。所以，最后一道大题我虽然并未拿到满分，但我也取得了非常满意的高考数学成绩。

相反，如果那时我的策略是把所有时间都拿来专攻最后一道问答题，而没时间复习前面那些简单的题，结果可能就是，简单的题答题准确率不高，最后一道大题也有可能答错，最后满盘皆输。

从表面上看，印度的经济发展策略与我的高考数学复习策略是完全不同的两件事，但如果我们去思考两件事的本质，就会发现它们是一样的。

根据迁移思考的三个步骤，我们来一步步分析：第一步，将"不均衡发展策略"这一思维模型的本质抽象出来，它的本质是，在时间紧迫、资源有限、目标很多的情况下，为了高质量完成多项任务，并使整体效果最优，应先集中所有资源去实现相对容易的那个目标，然后再将所有资源聚焦在相对较难的那个目标上；第二步，与眼前问题进行类比，将这一本质与自己目前遇到的问题，即高考数学复习所遇到的情况相比，我们就会发现，二者具有"表面不同、本质相似"的特点；第三步，将"不均衡发展策略"这一思维模型迁移过来的话，就是先集中精力和资源去做最容易的那部分工作，即选择题、填空题和简单的问答题，以提升整体数学水平，然后再将精力和资源投入最难的那部分工作中，即复习最后一道问答题。

"竞争战略"模型

读大学时，我看了一本对我影响很大的书，叫《竞争战略》，作者是"竞争战略之父"迈克尔·波特。在这本书中，波特教授为商界人士提供了三种卓有成效的竞争战略，它们是总成本领先战略、差异化战略和专一化战略。这些战略的目标是使企业的经营在行业竞争中高人一筹。

在他的竞争战略面世之前，大多数企业家都认为，企业可以同时追逐好几个基本目标。因为目标越多就意味着越可能成功。然而，波特教授却告诉大家，达到这种效果的可能性是很小的。因为贯彻任何一种战略，通常都需要全力以赴，并且需有相应的组织安排。如果企业的基本目标不止一个，资源就会被分散，从而影响最终的结果。

看了这本书后，我开始思考一个问题，人和企业一样，也处于激烈竞争之中，需要在竞争中脱颖而出。那么，是否能将竞争战略用到自己身上呢？

又该如何使用呢？

首先，我深入研究了这三种竞争战略的具体内容与使用方法：总成本领先战略是指企业强调以低单位成本为用户提供低价格的产品，这是一种先发制人的战略，它要求企业有持续的资本投入和融资能力，生产技能在该行业处于领先地位；专一化战略是指主攻某一特殊的客户群、某一产品线的细分市场或某一地区的市场；差异化战略则指企业力求在用户广泛重视的某些方面做到在行业内独树一帜，它选择许多用户重视的一种或多种特质，并赋予其独特的地位，以满足用户需求。

根据这些定义，我首先排除了总成本领先战略，因为我无法通过降低自己的收入找到一份理想的工作。然后，就是在专一化战略和差异化战略之间选择了。

其中，专一化战略包括两种形式，一个是企业在目标细分市场中寻求成本优势的成本集中，相当于总成本领先战略与专一化战略的交集；另一个是企业在目标细分市场中寻求差异化的差异集中，相当于专一化战略与差异化战略的交集，即先找到一个目标细分市场，然后再在这个市场上寻求差异化。

可以说，专一化战略是以总成本领先战略和差异化战略为基础的竞争战略，在特殊市场中形成成本优势或差异化优势。然后我发现，以差异化战略为基础的专一化战略就是最适合我的战略。于是，在硕士毕业找工作期间，我就将这个战略用在了自己的面试策略中。

那时，我非常希望在毕业时就能进入世界 500 强企业工作，尤其希望获得管理培训生职位。于是，我就将它确定为面试找工作时的目标细分市场，也就是专一化战略的具体方向。

然后，我研究了管理培训生岗位的招聘要求，发现这些企业的招聘要求比较一致，不会因为行业不同而有很大区别。对于管理培训生这个职位，它们都要求综合能力强、潜力大且可塑性强。

接下来，针对管理培训生岗位的具体招聘要求，我做了很多准备，从英语表达能力到数据分析能力，从团队合作技巧到演讲能力。其中最重要的一点是，我认真思考了自己在这个细分市场上的"差异"——与其他名校毕业生相比，我到底有哪些竞争优势？

经过思考，我将自己的优势归结为三点。然后，在面试做自我介绍的时候，我就将早已总结好的自己的三大优势娓娓道来，与岗位性质一一匹配，我还在介绍完每个优势后讲一个小故事，以说明自己与这个岗位的契合度。

就这样，我从上海诸多名校应届毕业生中脱颖而出，如愿进入世界500强企业，成为一名管理培训生。

从表面上看，迈克尔·波特的竞争战略与我的面试策略是完全不同的两件事，但如果去思考这两件事的本质，就会发现它们是一样的。

竞争战略的本质是面临激烈的竞争而资源又有限时，要想脱颖而出就得采取一定的竞争战略，不能在不同战略间徘徊。"以差异化战略为基础的专一化战略"就是其中的一种战略，它的方法是先找到一个目标细分市场，然后在这个市场上寻求差异化。

然后，我将这个战略的本质与我面试所遇到的情况和想要实现的目标相比较后发现，二者具有"表面不同、本质相似"的特点。

所以，我就将竞争战略这一思维模型迁移了过来：首先选择非常清晰的细分市场，然后在这个市场上寻求差异化，以形成差异化的竞争优势。

"甜蜜区"模型

泰德·威廉斯被称为"史上最佳击球手"，并且在美国《体育新闻》杂志评选的历史上百位最佳运动员中，排第八位。他写过一本书，叫《击打的科学》。在这本书中，他向大家揭示了自己成功的秘密——高击打率的秘诀是只打位于"甜蜜区"的球，而不是每个球都打。正确地击打甜蜜区的球，忽略其他区域的，就能保持很好的成绩。

那么，泰德·威廉斯具体是怎么做的呢？他把击打区划分为77个小区域，每个区域只有一个棒球大小，然后找出77个小区域中的最佳击打区域，这就是他所说的"甜蜜区"。然后，他的做法是，只有当球进入最佳区域的时候，他才会挥棒。如此一来，他就能保持0.4的击打率。相反，他也统计过，如果非去击打位于边缘位置的球，击打率就会下降到0.3，甚至0.2。

所以，对于最佳区域之外的球，泰德·威廉斯无论如何都不会挥棒。这一策略听起来似乎并不复杂，实施起来却颇为困难。因为如果总是不挥棒，就会让观众感到失望，这对球员来说无疑是一种巨大的压力。对于一个棒球手来说，不但要克制对击球的渴望，还要面对观众的失望。但是，如果做到了，他就能获得巨大成功。而这正是巴菲特从泰德·威廉斯那里学到的无价之宝。

巴菲特说："在投资领域，我就像在一个永不停歇的棒球场上，在这里你能选择最好的生意。我能看见1000多家公司，但是我没有必要每个都看，甚至看50个都没必要。我可以主动选择自己想要打的球。投资这件事的秘诀，就是坐在那儿看着球一次又一次飞过来，等待那个最佳的球出现在你的击球区。"

为什么巴菲特能根据泰德·威廉斯的击球策略得出自己的投资策略？这是因为他看到了泰德·威廉斯击球策略背后的思维模型——"甜蜜区"模型：要想成功，就要只做能力范围（即"甜蜜区"）内的事，并把它做到最好，而这个能力范围是有明确边界的。

于是，巴菲特提出了"能力圈"这一概念。在他致股东的信中，巴菲特解释道："你不需要成为了解每家公司的专家，甚至不需要知道很多。你只需能评估你能力范围内的公司……能力圈的大小不是关键，了解它的边界则至关重要。"

换句话说就是：要想成功，就要做自己能力范围内的事，投资那些你真正了解的好生意，且把它们做到最好，同时要了解自己能力圈的明确边界。

跟泰德·威廉斯坚持只打"甜蜜区"的球一样，坚持"能力圈"模型的最大困难就在于：如何抵挡为了追逐更多利润而跨出能力圈的诱惑。

巴菲特号称股神，有人统计过，从1955年至今，他管理的资金虽有几千亿美元之多，但他买过的股票只有78只。

20 世纪 90 年代后期，资本市场上表现最好的公司都是科技互联网类公司，从微软到 Google 到苹果再到 BAT，但巴菲特一股也没买，尽管这让他在 1999 年盈利只有 0.5%，而当年股市大涨 21%。可以说，巴菲特错过了近 30 年来最好的投资机会，但其实他在坚持着他的能力圈原则。巴菲特与比尔·盖茨的关系很好，但在过去的很多年里，巴菲特也并未投资微软，因为他认为那是他能力圈之外的事。

根据"甜蜜区"思维模型，泰德只打进入"甜蜜区"的球，其他均不挥棒；而巴菲特则只投他真正了解的好公司，其他一律不投，并由此实现了非常好的效果。这就是迁移思考的巨大力量。

第二节

底层逻辑
解决 100 个不同的问题，只需一个底层逻辑

迁移思考，除了能对思维模型进行迁移运用外，还能对底层逻辑进行迁移运用。

比如，人性是隐藏在研究产品、做产品以及给文章起标题背后的"底层逻辑"；而"能量守恒定律"则是隐藏在万事万物能量转化背后的"底层逻辑"，不论是热能、动能还是势能，无一不遵循这一规律。

这里，我们会讲到如何对底层逻辑进行迁移运用。比如，对物理学中的"熵增定律"进行迁移运用。

熵是来自热力学第二定律的一个词，其物理意义是体系混乱程度的度量。

当一个非活系统被独立出来，或是将它置于一个均匀环境里，所有运动就会因为周围各种摩擦力的作用很快停下来；电势或化学势的差别会逐渐消

失；形成化合物倾向的物质也是如此；由于热传导的作用，温度也会逐渐变得均匀。由此，整个系统最终会慢慢退化成毫无生气、死气沉沉的一团物质。所以，孤立热力学系统的熵永不减少。孤立系统总是趋向于熵增，最终达到熵的最大状态，也就是系统的最混乱无序状态。这就是熵增定律。

熵代表了一个系统的混乱程度，或者说是无序程度，系统越无序，熵值就越大；系统越有序，熵值就越小。

既然熵增是我们不想看到的结局，那我们又该怎样对抗熵增呢？

对抗熵增的方法：让系统成为开放系统

物理学家发现，当一个系统是开放系统时，就能形成负熵流，从而对抗熵增。比如，生命有机体不断进行的新陈代谢（如吃、喝、呼吸等活动），就是一个对抗熵增的过程。这也是为什么薛定谔会说"生命以负熵为生"。他说，生命之所以能存在，就是因为生命在不断地从环境中得到"负熵"，而获取"负熵"的过程就是新陈代谢的过程。低熵的物质吃进来，高熵的物质排泄出去，从而带走体内的熵，保持身体低熵有序的状态。

再比如，地球是一个开放系统，它是通过吸收外部能量来实现反熵增的。太阳的热量使地球在不同区域间形成温度差、压力差，从而维持了差异化的有序性，避免了完全的无序和均衡。完全的均衡意味着没有风流动、没有水流动，而没有风流动、没有水流动的地球将会毫无生气。

这就是物理学中的熵增定律，这也是一个底层逻辑。那么，我们如何将它进行迁移运用呢？

1. 将熵增定律迁移运用在企业管理中

首先，让我们来看看熵增定律的本质。如果将它抽象一下，我们就会发现，熵增定律的本质是：一个孤立系统终会走向衰亡。

什么是孤立系统？它说的是跟外界既没有能量交换，也没有物质交换的封闭系统。

与生命有机体一样，企业也是一个系统。如果它是一个孤立系统，与外界既没有能量交换，也没有物质交换，那它注定会面临熵增不断增加，直至熵死的结局。所以，在企业管理过程中，我们需要增加它与外界的能量交换、物质交换，从而对抗熵增。

管理学大师彼得·德鲁克说："管理要做的事只有一件，就是对抗熵增。在此过程中，企业的生命力才会增加，而不是默默走向死亡。"

"竞争战略之父"迈克尔·波特说："在生物有机体中，生命能量的消耗是为了维护一种精巧的秩序。而企业这样的组织，是由人所形成的网络构成的，它具有绝对的、可能陷入更大混乱状态的倾向。"

而在中国企业家中，将熵增定律这一底层逻辑迁移运用得最好的当属华为的任正非了。他在华为的研发上进行了巨额投入。华为连续多年都是全球专利申请第一名。这就是在做输入能量与输出能量的不断交换，是开放系统的重要特征。

从 1997 年开始，华为就开始持续引进来自外部的管理经验，包括 IBM、埃森哲、波士顿咨询等。华为由此经历了多方面（如管理上、组织结构上、流程上等）的持续变革。这为华为成为一家全球化公司奠定了基础。

华为还在俄罗斯做数学算法研究，在法国做美学研究，在日本研究材料应用，在德国研究工程制造，在美国研究软件架构……它在海外 16 个城市建立了研发机构，包含几十个能力中心，外籍专家占比达 90%。

不管是研发上的巨额投入，还是引入外部管理经验和在海外建立研发机构，华为作为一家公司都在源源不断地与外界进行能量、信息和物质的交换。这都是在努力地将华为打造成开放系统，从而让华为拥有对抗熵增的能力。

2. 将熵增定律迁移运用在个人成长中

为什么熵增定律还能迁移运用到个人成长中呢？这是因为我们每个人都有自己的心智系统。如果一个人的心智成了一个孤立的系统，与外界既没有能量交换，也没有信息交换，那么它注定会面临熵增不断增加直至熵死的结局。那时，即使生命尚未终结，你的生命力也会因为心智的停滞而如一潭死水。

我们要将自己的心智打造成一个开放的系统，具体该怎么做呢？

（1）用成长型思维代替固定型思维

很多人都有这样的观念：每个人都有一些固定不变的能力与品质，比如"我不善于运动"或"我没有学数学的天分"等，而这些天生的特质无法改变。

真是这样吗？实际上，人的创造力等是可以通过后天努力得到提升的。

斯坦福大学的行为心理学教授卡罗尔·德韦克在其出版的一本名为《终身成长》的书中总结了自己 30 多年的研究成果，提出了两种思维理论：固定型思维和成长型思维。

表 3-1　固定型思维与成长型思维

情况	固定型思维	成长型思维
对待挑战	避免挑战，以维持聪明的形象	由于渴望学习而去迎接挑战
对待障碍	遇到障碍与挫折时，通常的反应是放弃	遇到障碍与挫折时，通常的反应是展现出百折不挠的精神
对待努力	尝试与付出努力被视为否定性行为；如果你必须尝试，说明你不够聪明或不够有才华	艰苦奋斗，用努力为成功和成就铺平道路
对待批评	否定性的反馈，不论多么有建设性，都会被忽略	批评提供了重要反馈，能够对学习有所帮助
对待其他人的成功	其他人的成功被视作威胁，会引发不安全感或脆弱感	其他人的成功可能是灵感或教育的源泉

固定型思维说的是，相信我们出生时带有固定量的才智与能力。采取固定型思维的人倾向于回避调整与失败，从而失去了体验与学习的机会。

而成长型思维则是一种以智力可塑为核心信念的系统的思维模式。它相信通过练习、坚持和努力，人类具有学习与成长的无限潜力。

拥有成长型思维的人能够沉着应对挑战，他们不怕犯错或难堪，而是专注于成长的过程。对于失败他们并不感到害怕，因为他们知道如何从失败和错误中学习，从而更加接近成功。可以说，拥有成长型思维的人会变得越来越优秀。

从上表中，我们还能看到一点，也许是我们平时常常忽略的，那就是二者在对待其他人的成功这一点上还有所不同：拥有成长型思维的人会将别人的成功看成自己的灵感来源，而固定型思维的人则会将别人的成功当成对自己的威胁，从而产生巨大的不安全感与脆弱感。而这种不安全感和脆弱感常常会让他选择堵住耳朵、闭上眼睛，于是，他也就切断了自我成长的渠道与途径，使整体情况变得更糟。

（2）用流量思维代替存量思维

躺在书桌上的一堆油画颜料，不会自动变成一幅美妙的油画。一定是因为有了与外界某种能量的交换（比如，你拿起画笔，打开颜料，开始画画），颜料才变成油画。同样，一个人只有在与外界进行能量交换后，才有可能发生天翻地覆的变化。有这种想法的人就是"流量思维者"，相反则是"存量思维者"。

什么是存量思维者的典型行为？相比在学习上对自己进行投资，他们更愿意把钱存起来，让它产生利息；相比换个更适合自己、更有前途的岗位或行业，他们更愿意继续做现在这个安稳的工作；相比将自己看到的好文章、好书推荐出去，他们更愿意自己悄悄收藏起来；相比与那些优秀的人进行深入交流，他们更愿意不让别人知道自己的想法。

1975年，24岁的柯达工程师史蒂夫·萨松发明了世界上第一台数码相机。当他把这项惊人的成果呈现给公司高层的时候，大家都觉得这个发明没有任何意义。他们说："没有人愿意在电视上看他们的照片。"

那时的柯达，是胶片时代的领军者。

30多年后，当柯达在2012年申请破产保护的时候，回首往事，人们发现，正是由于当年柯达公司高层对数码相机这个发明的无视，导致了柯达的覆灭。

历史总是惊人的相似，同样的事还发生在摩托罗拉公司和诺基亚公司。

死守存量、无视流量，注定会出现"当下很好，未来很糟"的结果，而这个结果往往不是一般人能够承受的。

（3）用终身学习代替临时学习，用终身探索代替不再探索

有人每天都在学习，不论多少；有人偶尔学习一次，看一本书都要用七八个月。前者，我称之为终身学习者；后者，我称之为临时学习者。学习对于前者如同呼吸一般；对于后者则如同救急的膏药，只有在他受到刺激或工作需要时，他才会想起学习。

对于终身学习者而言，他们通过每天的学习将自己的心智打造成一个开放的系统，后续还可能产生复利效应；对于临时学习者而言，他们的心智就近似于一个封闭的体系，无力对抗熵增，也无法产生复利效应。两者在短期内看不出明显的差别，但长此以往就会有天壤之别。

很多人在成年之后就不再探索了，他们停止了对这个世界、对自我的探

索。他们只想走那条早已明确的路，按部就班地生活。长此以往，他们的心智都缺乏与外界的能量与信息的交换。这时，熵增早已紧随其后，中年危机的到来只不过是时间问题。

而那些终身探索者则不同，他们对这个世界、对自我和他人，始终都怀有浓烈的好奇心：他们想要探索那些不懂的东西，想要解开那些难解的奥秘；不论是一场电影、一次旅行、一本杂志，还是一次对话，他们都能从中探索到新鲜的信息、知识或智慧。他们就像是敞着口的容器，吸取着来自外部世界的能量与信息。

这就是熵增定律在个人心智中的迁移运用——终其一生，我们的心智都得对抗熵增，否则就很难获得成长。

对抗熵增的方法：远离平衡态

上面我们只谈了对抗熵增的一个方法，就是让系统成为开放系统。事实上，我们还有对抗熵增的另一个方法，就是让系统成为一个非平衡态的系统，即远离平衡态。

根据物理学理论，当热力学系统从一个平衡态经绝热过程到达另一个平衡态时，它的熵永不减少。所以，要想对抗熵增，就要让系统成为一个非平衡态的系统，让它从稳定变为不稳定。只有这样，系统才能在遇到一点点扰动的情况下，打破均衡，形成新的有序结构，从而让随机且无可避免的扰动成为系统发展的契机，而不是停滞在稳定的平衡态中，逐步走向熵死。

那么，如何将对抗熵增的第二种方法进行迁移运用呢？

1. 迁移运用到企业管理中

现在的大公司已经越来越难基业长青。从1973年到1983年，《财富》1000强企业中有350家被新企业挤出榜单。从2003年到2013年，《财富》1000强企业中被挤出榜单的竟然多达712家！大公司被赶下神坛的速度令人目瞪口呆。美国高科技企业的平均寿命是7.6年，中国高科技企业的平均寿命是1.8年。

一个企业发展久了，就会进入一种稳定的平衡态中，这时如果不去改变，就会逐步走向熵死。想要对抗熵增，就要让企业成为一个非平衡态的系统，让它由稳定变得不稳定。只有这样，随机且无可避免的扰动才能成为企业发展的契机。这时，企业可以做的是，主动将竞争、创新和自我批判引入企业内部，让企业不再停留于稳定的平衡态中。

2018年，华为年收入突破1000亿美元。然而，任正非却时常思考一个问题："下一个倒下的会不会是华为？"虽然华为很成功，但在任正非看来却充满危机。一家企业如果不能主动打破自己的优势，其他人迟早也会打破；如果不能早点看到自己的问题，竞争对手迟早也会发现。为此，任正非很早就成立了一个部门——华为"蓝军"。这是华为的核心部门之一。

蓝军，是指在部队模拟对抗演习中，专门扮演假想敌的部队。它可以模仿世界上任何一支军队的作战特征与红军（代表我方正面部队）进行针对性的训练。华为的"蓝军"与之类似。按照任正非的解释，"蓝军要想尽办法来否定红军"。

所以，华为"蓝军"的主要任务是从不同的视角观察公司的战略与技术发展，进行逆向思维，审视和论证"红军"的战略、产品、解决方案的漏洞或问题；模拟对手的策略，指出"红军"的漏洞或问题，为公司董事会提供决策建议，从而确保华为走在正确的道路上。

这就是"红蓝军"的对抗体制和运作平台，在公司高层团队的组织下，采用辩论、模拟实践、战术推演等方式，对当前的战略思想进行反向分析和批判性辩论，在技术层面寻求差异化的颠覆性技术和产品。

可见，华为是通过建立"蓝军"的方法，让华为远离平衡态，从而对抗熵增的。

腾讯的赛马机制也是将企业打造成非平衡态系统的一种重要方法。比如，腾讯的微信、王者荣耀等都是赛马机制的果实。

这就是远离平衡态这一对抗熵增的方法在企业管理中的迁移运用。

2. 迁移运用到心智成长中

如何将远离平衡态迁移运用到我们的心智成长中呢？一共有两个方法。

(1) 从舒适区走进学习区，甚至恐慌区

图 3-1
舒适区、学习区与恐慌区

最里面的舒适区代表的是，对你来说没有学习难度的知识或者习以为常的事物，你自己可以处于非常舒适的心理状态。

中间的一圈是学习区，它代表的是那些对你来说有一定的挑战性（因而感到不适），但不至于让你太难受的工作、学习、思考。

最外面的一圈是恐慌区，它代表的是超出你能力范围很多的事物或知识，你会感觉严重心理不适，你可能会崩溃甚至放弃学习。

在舒适区里，你每天都处在熟悉的环境中，和熟悉的人打交道，做的都是你在行的事，你甚至就是这个领域的专家，做起事来自然得心应手。这就是暂时的平衡态，因为你无须过多努力就能使所有事物都达到一个相对平衡、比较舒适的状态。然而，不要忘了，平衡态正是熵最大的时候。这时，

你学到的东西很少，进步缓慢，缺乏挑战和流动性。这是一个看似平稳安逸、实则危机重重的状态，也就是假性繁华。只有从舒适区走到学习区，甚至恐慌区，你才能取得快速进步。

（2）颠覆式成长

个人成长遵循的是 S 形曲线，刚开始时，会有一个非常漫长的平坦状态，而后则会如火箭般骤然上升，并最终在高位保持平稳。

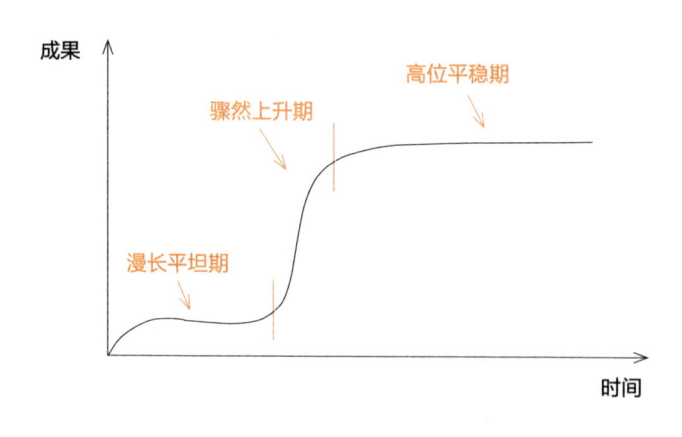

图 3-2
学习的 S 形曲线

但这还不是颠覆式成长。颠覆式成长不仅是一次 S 形曲线的飞越，它是很多次的飞越，它要求我们在完成一次 S 形曲线的增长后，再进入第二条 S 形曲线，重新来过，不断颠覆自我。

2007 年，iPod 系列产品的销售额占到了苹果公司总收入的近一半。按理说这正是一个产品如日中天之时，正常人的思路肯定是继续好好做这个产品。可乔布斯却亲手颠覆了这个已经大获成功的产品。他又做了 iPhone。

到 2012 年的时候，iPhone 已经占到了苹果公司总收入的 58%。这就是乔布斯的颠覆式成长。他用一条新的 S 形曲线，颠覆了好不容易攀爬上去的 S 形曲线。

远离平衡态也是如此：你需要一次又一次走在漫长的平路上，然后跃上巅峰；在好不容易跃上巅峰之后，你又要开始走第二条 S 形曲线的漫长平路了。然后，就这样不断进行自我颠覆。

这种自我颠覆之所以很难，就是因为一旦到达 S 形曲线的巅峰，我们很容易就会产生惰性。这时，我们处在自我发展的某个巅峰期，是一个看起来非常不错的状态。然而，一旦我们在这个平衡态停滞不前，我们便很难进步与成长，最终熵增加剧。

这就是物理学熵增定律这一底层逻辑的迁移运用。

最后，在进行迁移思考时要注意：只能迁移具有相似本质的东西，不能迁移"本质不同、表面相似"的东西。

本章小结

1. 迁移思考是什么（What）

迁移思考是先找到经过抽象与当前问题"表面不同、本质相似"的问题，通过借用前面问题的解决方法，解决当下问题的思维方式。它的迁移对象主要是思维模型与底层逻辑。

2. 为何需要进行迁移思考（Why）

查理·芒格说过一句耐人寻味的话："一个人只要掌握 80 到 90 个思维模型，就能够解决 90% 的问题，而这些模型里面非常重要的只有几个。"

然而，人生如此复杂，世事变化万千，80 到 90 个思维模型是如何解决 90% 的问题的呢？

答案是：要具有迁移思考的能力。

3. 如何迁移运用（How）

要想"从别处借用"，就得先找到事物的本质。越是本质的，就越是抽象的，因此，从"别处"借用的可能性也就越大。所以，思维模型与底层逻辑都是非常适合迁移运用的。

迁移运用的三个步骤：第一步，将某一思维模型或底层逻辑的本质抽象出来；第二步，与眼前的问题进行类比；第三步，将思维模型或底层逻辑的解决方案迁移运用到眼前的问题上。

对于思维模型和底层逻辑，还有不少的迁移运用，本书因篇幅有限，仅举几例。若想了解更多，请关注我的微信公众号（ID：艾菲的理想）。

第四章

升维思考

如何解决人生中的"无解之题"

两千多年前,我们所有的几何学知识几乎都来自欧几里得的《几何原本》。这本书被誉为现代数学的奠基之作,人类在此基础上发展出了对天文和地理的认知。

后来,著名数学家高斯开始质疑它的局限性。因为欧几里得认为,点在空间中没有维度;线有一维,即长度;平面有二维,即长和宽;立体有三维,即长、宽、高。除此之外,就什么都没有了,没有什么东西会有四维。

高斯认为,欧几里得对维度的理解是完全建立在人类自身直观认识的基础上的,而这种认知放在没有边界的数学世界里就是非常有局限性的。他跟同事说,欧氏几何的假想就像是生活在二维平面上的"蚂蚁",从它的世界里只看到了长和宽,于是它就认为这个世界只有"长"和"宽",不会有"高"这个维度。然而,因为高斯是个非常保守的人,当时西方数学界猛烈抨击"高维概念",认为它是比洪水猛兽更能动摇科学理性根基的"歪理邪说"。于是，高斯没有公开发表任何关于高维几何理论的作品。

后来，数学家黎曼发现，欧几里得几何学是建立在一个平坦表面的基础上的。在自然界，我们很难看到理想化的欧氏几何图形，高山、低谷都不是完美的几何图形。在平坦的空间里，三角形的内角和是180°，但如果空间不是平坦的，而是存在一定的曲率，那么三角形的内角和就与它的曲率相关，大于或小于180°。也就是说，如果我们所在的空间是弯曲的，那么欧氏几何的理论就是错的。

可见，如果我们依然按照一维、二维或三维的维度去思考问题，我们就只能看到平面和立体几何，而如果我们了解到四维的存在，我们就进入了黎曼几何的世界，而爱因斯坦正是从黎曼几何出发提出了著名的广义相对论。

如果没有对欧几里得几何的升维，就不会有广义相对论的产生，这就是升维的力量。它能让我们看到一个与之前的世界完全不同的崭新的世界。这样，我们遇到的某些问题就会迎刃而解。

就像爱因斯坦说的："我们不能用制造问题时的同一水平思维来解决问题。"

升维思考正是那种能将我们带向高阶的思考方式。升维思考指的是，跳出眼前问题的限制与常规解法，通过层级、时间、视角、边界、位置、结构的变换，重新思考问题及其解决之道的思维方式。如果说本质思考是在既有的结构或系统内，通过思考问题的根源，寻找根本解的思考方式；那么，升维思考就是打破既有层级、时间、边界、位置、结构，通过跃升、更新、拓展、重建的方法，让问题得到解决的思考方式。

接下来，介绍几种能让我们的行为及人生发生很大改变的思维方法，它们是层级思考法、时间轴思考法、视角思考法、第三选择思考法、无边界思考法和塑造者思考法。

第一节

层级思考法
普通人看行为，卓越者看愿景

我先问你两个问题：

如果你认为自己是一个非常负责的人，你会如何工作？

如果你认为自己是一个非常洒脱自由、无拘无束的人，你又会如何工作？

我相信，这两个问题的答案一定非常不同。因为能够决定我们行为的，并不是"行为"本身，而是那些比"行为"更高一层的东西。

从罗伯特·迪尔茨提出的逻辑层次理论，我们可以看到：

● 愿景层位于最高层，它是超越个人身份的，是关于我们想要怎样的人生，或者说是关于我们的人生使命的。

● 身份层是关于"我是谁"的，涉及"我希望我是谁"或"我希望成为谁"。

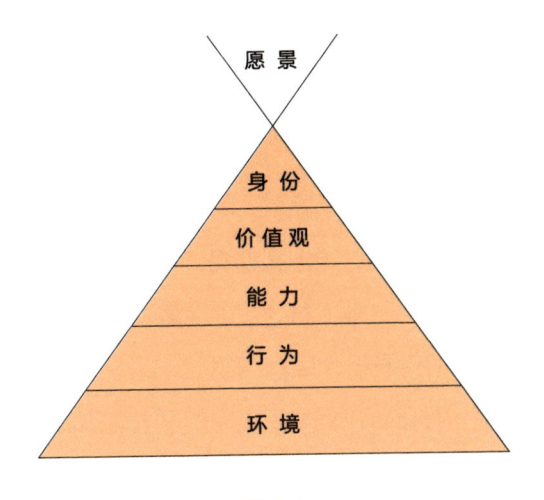

图 4-1
逻辑层次理论

● 价值观层是关于"什么是重要的",以及"为什么重要"的。

● 能力层是关于我的能力的,包括能力、状态、策略和处世模式。

● 行为层则是关于"我要做什么"或者"我已经做了什么"的,涉及具体的行动步骤和行为。

● 环境层是指我所处的环境究竟是怎样的。

逻辑层次中的上一层对下一层有指导作用。高层次上发生的改变必将向下"辐射",从而在低层次上产生相应改变。在低层次上发生的改变有可能会影响到高层次,但不会必然发生。所以,我们将环境、行为、能力称为低三层(这是我们可以意识到的层次),将价值观、身份、愿景称为高三层(这是潜意识层面的东西)。

所以，当我们想改变较低层次时，通过改变更高一层往往更加有效。同时，在思考低层行为习惯时，我们也不要忘了去更高层级看看导致低层行为习惯产生的根本原因。

如果想做到每周健身三次，该怎么办呢？我们先看看这个问题属于逻辑层次中的哪个层级。显然，这属于行为层的问题。这时，你可以先问自己一个问题："为什么想每周健身三次呢？"你的回答可能是，因为想要健康以及更好的身材。这时，你就可以试着到更高的愿景层去看看了。当看向愿景层时，你的头脑中可能会出现这样一幅非常生动的画面：一年后的自己身材苗条，脸上洋溢着青春的光彩，肌肉紧绷，小腹平坦，在阳光下走路时，你的皮肤散发着珍珠般的光芒。当你看到这幅生动的画面时，你是否会立刻充满斗志，想要马上去健身？答案不言而喻。

当聚焦在行为层时，我们思考的仅仅是如何改变自己固有的习惯。但是，如果我们能聚焦在愿景、身份或价值观上，我们的行为自然就会发生改变，而且动力十足。

层级思考法还有一种运用：当不理解自己的行为时，我们也可以用层级思考法来看看，也许我们会有完全不同的发现。比如，一直以来，我都不喜欢做那种按部就班的工作。很多年前，我刚做市场部工作的时候，需要做各种各样的市场活动，得按部就班地按流程走，同时还得细心谨慎。为了避免出错，我给自己列了一份清单，按照清单上的任务一个个执行。最后的效果虽然还不错，但我却感到心特别累。为此，我还曾苛责自己，认为自己是个不能踏踏实实做事的人。后来，当我探索自己的核心价值观时，我才意识到这种自我认知是错误的。

我的一个核心价值观是"要活出蓬勃丰盈的生命力",这个价值观对我行为上的影响是,我非常喜欢创造新的事物,也许是画一幅画、写一篇文章、写一本书,或者是总结出一种解决方法、一个系统方法论。只要是关于创造新事物的事,我都会充满热情与动力,毫不疲倦。同时,我不喜欢按部就班地做那些琐碎的事,也就是执行类的事。这就是我的"价值观层面"与"行为层面"产生的冲突。当我不理解这个冲突的时候,我责备自己;当我理解了它之后,我发现了自己的优势与天赋所在。这就是层级思考法的另一种运用场合——帮我们找到各种内在冲突的根本原因。

同时,层级思考法还能运用在企业上。马云就将阿里巴巴的公司战略分成了上三路和下三路,这种分法与罗伯特·迪尔茨的逻辑层次理论有着异曲同工之妙。

什么是上三路?它说的是使命、愿景和价值观。

什么是下三路?它指的是组织、人才和KPI。

使命感是一个组织最为重要的因素。所谓使命感,就是你的公司为什么而存在。使命感要做到让公司的每个人都相信。因此,如果你真的相信公司的使命,就应该反复讲,讲到随便找一个员工过来,他都能讲清楚公司的使命是什么。然后,在做重大决定的时候,也要先问一下这个决定是否符合公司的使命。

愿景指的是,公司要去往哪里,要发展成什么样子。阿里巴巴有个口号——要成为一家持续发展102年的公司。阿里巴巴成立于1999年,做102年,刚好就横跨了3个世纪。这个相对较长的时间维度,就是阿里巴巴的一个愿景。为了活 102 年，公司的每一个重大决策都必须思考：做这件事情对公司 10 年以后的发展有没有用，如果没有用，就别做这件事。

我们再看价值观。马云对价值观的定义是：价值观就是做事的方法，是做事的标准和共识。马云说，阿里就是一家从价值观里得到了巨大甜头的公司。如果你希望培养一批同舟共济的人在你公司里，那就必须要有价值观，必须考核价值观。

这三者都非常重要。用马云的话说：要想不迷茫，就必须要有使命感；要想有方向感，就要有愿景；要想凝聚同舟共济的人，就要有价值观。

因为每个人的使命、愿景和价值观都不尽相同，所以，每个公司的战略肯定也是不一样的。"战略一定是不能复制的，真正的战略是一个艺术品"。

可见，当一家企业要做重大决策、调整重大战术，或部署重大行动的时候，首先要到"高三层"（愿景、使命、价值观）去看看，看这件事情对 10 年以后的发展有没有效果、是不是符合企业的愿景、是不是匹配企业的价值观。同时，在招聘员工前，也要先看应聘者的价值观是否与企业的价值观相符。

这就是层级思考法，它告诉我们要想解决某个处于行为层面或战略、战术层面的问题，或做出重大决策的时候，对个人而言，首先要思考的是自己的愿景、身份、价值观；对企业而言，首先要思考的是自己的使命、愿景、价值观。

第二节

时间轴思考法
一流的思考方法会让问题自然消失

"时间"是一种维度，是大多数人都没关注到的维度。但事实上，它极为重要，重要到一旦将它引入思考，眼前的一切都会变得不同。

下面，我们做几个非常有趣的时间轴游戏：让我们把人的一生想象成一根长长的带着箭头的线，它的开端是出生之日，它的箭头指向生命的结束之时。于是，就有了下面这幅图，A 是人生的起点，B 是人生的终点，每个人从出生之日起，就在走向人生的终点。

人生的起点　　　　　　　　　　　　　　　　人生的终点
A ───────────────────────────▶ B

人生的时间轴

图 4-2
人生的时间轴

现在，游戏就要开始了。

站在时间轴的终点上

大年三十，我正式从制药公司辞职，准备搬回上海，全职做儿童癌症公益。

朋友说："你这个弯拐得有点猛呀。"

确实，这意味着我要离开美国，也要离开一线科研。这不是一个容易的决定。

我和太太在美国生活和学习了10多年，非常习惯美国的生活。我们工作稳定，有房有车，居住的城市冬天不冷、夏天不热；对小孩来说，海洋世界、乐高乐园，甚至迪士尼乐园都是我们周末随时可以去的。

从中国到美国，从本科到博士，从学校到公司，我已经做了10多年科研。我喜欢挑战未知世界，喜欢做科学实验。父母也可以很骄傲地对周围的人说："我儿子是美国一线科学家，在世界顶尖的药厂之一研究抗癌新药。"

突然全部放弃，回国做公益，这个弯确实转得很猛。但下决心并没有想象中的那么难。

太太说："我支持你，或许真能回去改变一些事呢。"我知道自己没有后顾之忧。

捐赠者说："不着急，我们要做长线的公益！"我知道这是事业而不是工作。

很多好朋友说："挑战很大，但如果你要做，我肯定全力支持！"我知道有人同行。

最重要的是，我听见自己的内心说："如果生命只剩一年，你想试试吗？"

答案非常清楚。

这就是著名科普作家菠萝（李治中）的时间轴思考法。

可以说，回到国内与待在美国，从事公益事业与做一线科学家，对菠萝来说，意味着两种截然不同的生活。这个抉择可谓事关重大。而菠萝最终选择了"回国做公益"，为什么？因为他问了自己一句话："如果生命只剩一年，你想试试吗？"这就是站在了时间轴的终点上，而这种思考方式带来的是无比清晰的答案——回国从事公益事业。

乔布斯也用过这种思考方法。在一次演讲中，乔布斯说："在17岁的时候，我读过一句格言，大概的意思是'如果你把每一天都当成你生命的最后一天，你将在某一天发现，原来一切皆在掌握之中'，这句话从我读到之日起，就对我产生了深远的影响。在过去的33年里，我每天早晨都对着镜子问自己'如果今天是我生命的最后一天，我还愿意做我今天本来应该做的事情吗'，当一连好多天答案都是'否'的时候，我就知道做出改变的时候到了。"

乔布斯认为，提醒自己人生有限是在面临人生重大抉择时最重要的事情。因为所有的事情（包括外界的期望、所有的荣誉、对失败的惧怕）在面对死亡的时候，都将烟消云散，只留下真正重要的东西。他说："在我所知道的各种方法中，提醒自己即将死去是避免掉入'畏惧、失去'这个陷阱的最好办法。既然你赤裸裸的，身无一物，还有什么理由不去追随你的内心？你的时间很有限，所以不要为别人而活。不要被教条所限，不要活在别人的观念里，不要让别人的意见左右自己内心的声音。还有，最重要的是，你要有勇气去听从你的直觉和心灵的指引——它们在某种程度上知道你想要成为什么样子，其他所有的事情都是次要的。"

为什么站在时间轴的终点上，我们的思考会更清晰彻底呢？这是因为，当站在那个特别的时间节点上时（即站到 B 点），你才能清晰地看到：哪些东西是你真正珍视的，哪些东西是你真正在意的，没做什么会让你感到特别遗憾，做了什么会让你感到满足或感到此生没有虚度。

人生的时间轴

图 4-3
站在时间轴的终点上

这就像是站在潮水刚刚退去的海滩上，破碎的、完整的、漂亮的贝壳在一瞬间全都露了出来，一览无遗，展现在我们的面前。这时，我们不用再寻找答案，因为答案就在眼前。

这就是站在时间轴的终点上这一思考法的升维作用：当喧嚣退去，虚假的繁华落幕，人生的真相才开始显现。它们就像是留在沙滩上的贝壳，如此清晰而简单。原来我们真正在乎、珍视的，对我们人生至关重要的东西，不过就那么几样而已。这些东西就是你的核心价值观。就像波萝，在向自己发问之后，他看到了清晰的答案：原来，帮助需要帮助的人比金钱、声誉，以及安逸的日子更加重要。

站在时间轴的终点上这一思考法还有一种具体的运用，即设想自己的墓志铭，以概括自己的一生。这是美国心理学家欧文·亚隆提出的一种治疗术——当设想自己墓志铭的时候，你希望这句话是什么。

科幻小说家亚瑟·克拉克的墓志铭是：这里埋藏着亚瑟·克拉克。他一直没有长大，却从未停止过成长。

《红与黑》的作者、法国作家司汤达的墓志铭是：米兰人亨利·贝尔安眠于此。他活过，写过，爱过。

伏尔泰的墓志铭是："他的身体存放于此，思想遍布世界。"

对于克拉克而言，人生中最重要的事是"成长"；对于司汤达来说，人生中最重要的事是"写和爱"；对于伏尔泰来说，人生中最重要的事是"向更多人传递自己的思想"。

也许，你也可以想想，你希望在自己的墓碑上写下怎样的话。然后，你再用这些话来重新审视现在的生活与前进的方向。

如果你发现自己想写的话与现在的生活毫不相关，恐怕你就得好好想想究竟该如何调整自己的生活了。如果你发现自己想写的话与现在所过的生活完全一致，那就说明你正走在一条正确的路上。

布朗尼·维尔是一位做过多年临终关怀的作家。她的病人患有无法治愈的疾病，也知道自己即将死亡。她在他们生命的最后3到12周里照顾他们。她说，人在快死的时候会成长很多。当维尔问那些临终病人，他们的人生是否有什么遗憾，如果人生可以重来他们想要改变些什么的时候，他们的回答出奇的相似："我希望我当初有勇气去过自己想过的生活，而不是他人希望我过的生活。"

对于站在时间轴的终点上的思考方法，我想用英伦才子阿兰·德波顿的一段话作为总结："思考死亡，能使我们的追求减少世俗的成分，而增加精神的内容。死亡的想法对我们的影响，或许就是引领我们去追求那些对我们来说真正重要的东西。同时，死亡的想法能使我们漠视他人对我们的评价，因为他人的评价毕竟与我们的死亡没有丝毫关系，对死亡的预见能够使我们追求心中最渴望的生活方式。"

站到更远处

什么是站到更远处？

假如你处在A1点，困扰你的问题也发生在A1点，你想做的选择也出现在A1点；然后，请你站在更远一点的地方，也就是A2点（可能是5年之后，也可能是10年之后），再回头审视现在的问题或现在的选择，你会有什么新的发现与感受？

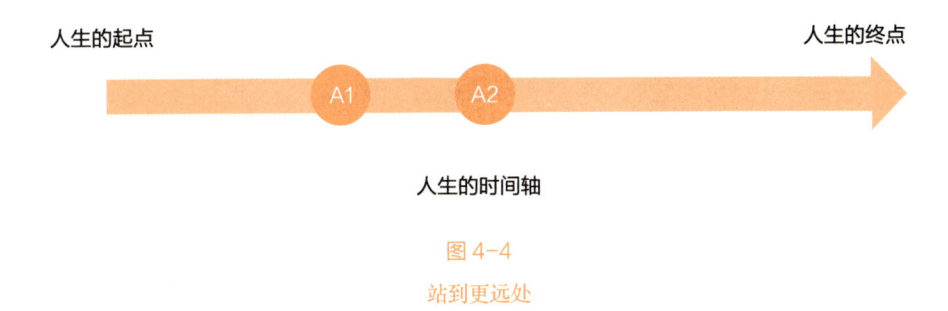

人生的起点　　　　　　　　　　　　　　　人生的终点

　　　　　　　　A1　　A2

　　　　　　　人生的时间轴

图 4-4
站到更远处

之前，我遇到一位咨询者，她说自己很想摆脱在学校任教的工作，换个行业重新发展。然而，当我问她"现在，假如你已换了一个工作，五年之后再回头看，你有什么发现"的时候，她忽然失声痛哭："我不想离开，我舍不得。"

后来，她对我说："直到现在，我才意识到我其实深爱着这份工作，之所以想换个行业，不过是因为我实在讨厌现在工作中的一部分，就是评职称的那部分。所以，我非常痛苦，一心想要逃避、离开，却忘记了自己对这份工作的热爱。"

如果仅从当下的视角出发，这位咨询者的确是一心一意想要摆脱现在这份工作。因为工作中的评职称部分让她感到极度厌恶和难以忍受。同时，她也没能找到更好的方法来面对这个问题。于是，在日积月累之下，她有了一定要摆脱现在这份工作的想法。

然而，当我问"现在，假如你已换了一个工作，五年之后再回头看，你有什么发现"时，她就被我带出了持续已久的情绪，有了另一种完全不同的感受，那种只有在失去之后才会意识到的感受。那就是，她自己其实还深深地爱着教书育人这份工作。

这就是站到更远处的思考方法所带来的升维作用，它能让我们从此时此刻的纠结中抽离出去，站到更远一点的地方回望。于是，我们当下的强烈情绪和纠结就会淡去，被情绪掩盖的真实需求与渴望就会浮现出来。

站到极远处

什么是站到极远处的思考方法？

假如，现在的你处在 A1 点，困扰你的问题也发生在 A1 点，你感受到的痛苦也出现在 A1 点；现在，假设你站到很远很远的地方（生命结束后的某个时间点），也就是 B1 点，它可能是 100 年之后，也可能是 150 年之后，然后，你再来审视现在的问题或痛苦，你会有什么样的发现和感受？

人生的起点　　　　　　　　　　人生的终点

A1　　　　　　　　　　　　　B1

人生的时间轴

图 4-5
站到极远处

当我遇到困难，尤其是一些感觉当下无论如何也过不去的坎儿的时候，我就会用这种思考方法，每次都有收获。比如，有段时间，我非常在意外界的评价，这让我深受其扰。这时，我就假设自己到了200年以后，然后，我的内心就涌起了一种感觉——"这些都算什么呀，这些事在一个人的一生中也许还算个事儿，然而如果把它放到整个漫长且没有终点的时间中、放到漫长的人类历史中，它就连一朵流云都算不上。也许，只能算得上是一粒刚刚浮起就坠落的微尘"。这时，无须他人劝慰，我内心的困扰就已烟消云散了。

这就是站到极远处的思考方法。

退到时间线外

什么是退到时间线外的思考方法？

在大多数时候，我们都是站在时间轴上的，有时是站在时间轴的当下，有时是站在未来，有时是站在过去。而退到时间线外则不同，它说的是退出整个时间线，退到时间线之外，彻底离开正在进行的一切。然后，站在时间线的外面，审视它，感受它。也就是说，从现在所站的时间线上的 A1 点，变换到时间线之外的 A2 点。

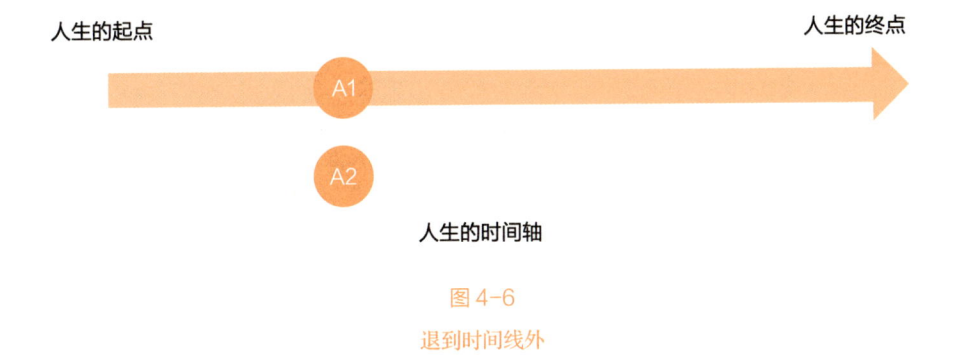

图 4-6
退到时间线外

这时，你会看到什么？也许，你会看到整个一生，它就像是一条不断奔涌向前的河流，绝不止息。这时，如果你将眼前遇到的事和当下强烈的情绪放在这条时间轴上，你就会发现，它们在你的整个人生中是多么微不足道。然后，你将目光投向这条时间轴的前方，你会发现前面的路其实还很长，生命中还有很多美好的可能，还有一段很长的路等着你去探索。

这时，眼前的痛苦和焦灼的情绪开始逐渐变淡，变成了人生的长河中一个小小的插曲、一段小小的过往、一个小小的点，或者只是一抹淡淡的印记。你的内心也开始走向宁静、平和。

每当被不良情绪深深困扰的时候，我都会尝试着退后一步，像个局外人似的退到时间线外，想想过去、现在和未来，然后我就会平静下来，意识到人生还很长，不必急于一时；人生还有很多美好的可能性，眼前的痛苦只是生命中的一段经历。也许，在未来某一天再想起这段经历的时候，我不会感觉到痛苦，反而会觉得珍贵。这就是退到时间线外的思考方法。

拉长你的时间

有些咨询者想要转换职业，但又找不到方向。在给他们做辅导的过程中，我常会提出一个问题："你希望何时实现这一转换？"他们往往很急，有的说一两个月，有的说半年。这时，我会问："假如这一转换的时间拉长到一年、两年甚至三年，你觉得会有什么不同？"这时，他们无一例外都会陷入沉思。然后，他们意识到，自己现在之所以如此焦虑、不知如何是好，就是因为把"截止日期"设置得过早了，没有给自己留出足够的时间，以慢慢努力、逐步迭代和不断接近，所以，他们才会陷入焦虑和恐慌。

人生的起点 　　　　　　　　　　　　　　　　人生的终点

　　　　　　　　　A1 A2　A3

人生的时间轴

图 4-7
拉长你的时间

事实上，当你把时间拉长后，你会发现，自己焦虑的一切立刻就变得不一样了。为什么？因为那时你会发现，如果一件事是你真心想做的，那么你其实本就拥有实现它的时间与能力，根本无须如此着急，更无须焦虑和恐慌。

这就是拉长你的时间思考法，它是消除焦虑与恐慌的一剂良药，能让你拥有长期的定力。

最后，我们用一个表来总结一下这五种不同的时间轴思考法。这时，你会发现，每当你运用一种时间轴思考法时，你就能更有效地应对自己的某类问题。这就是升维思考的力量。

表 4-1　时间轴思考法

方法 1	站在时间轴的终点上	帮你看到自己的价值观，看到什么对自己是真正重要的、什么是并不重要的
方法 2	站到更远处	帮你消解当下的强烈情绪与剧烈纠结，看清被情绪掩盖的真实需求与渴望

续表

方法 3	站到极远处	帮你减轻当下感受到的痛苦与烦恼,让你拥有淡定平和的心境
方法 4	退到时间线外	帮你减轻当下感受到的痛苦与烦恼,让你拥有淡定平和的心境
方法 5	拉长你的时间	帮你消除当下的焦虑与恐慌,让你拥有"长期主义"的定力

第三节

视角思考法
不是问题无解，而是你的世界观没升级

用相机拍摄我家的猫的时候，我一般会用平视的角度。这时，我看到的就是它的眼睛、鼻子、嘴巴和耳朵。可当我转换视角，改成俯视拍摄、航空拍摄时，我会发现它的背是弯着的，它身上的蓝色和白色排成一种有趣的形状。这就是转换视角所带来的全新发现。

通常，当我思考时，我也会尝试用更高维度的视角进行思考转换，比如，俯视拍摄相当于上帝视角，航空拍摄相当于"全面升级你的世界观"。接下来，我们看看这两个视角说的到底是什么。

上帝视角

上帝视角这个词相信大家并不陌生，写小说时会用到上帝视角，电影拍摄中也会用到上帝视角。猎豹 CEO 傅盛说："一个创业者要想取得成功，就要用上帝视角看事情。所谓上帝视角，就是既能让自己深入其中，敏锐感受其中的变化，又能抽身其外，让自己变成一个旁观者，观察很多事情的发生及其结果。"

他说："有段时间，每次有人离开公司，我的心理都会受到很大影响。后来，用上帝视角后，我开始将整个公司看成一个生命体。其实，人员的进出，不论对个体进化来说，还是对组织进化来说，都是好事情。在理解到这一层后，我开始大刀阔斧地拆分事业部，鼓励内部创业，出售部分业务等。这种变化和竞争必然会给很多人带来不适，也会造成一些人员的更替。如果是在以前，我的内心会特别接受不了，特别是一起工作多年的人离开公司时。但现在我会认为，那是彼此进化的一部分。有时，环境变了，我们需要进化；有的人进化不了，离开了，我们也只是在不同的轨道上。直到今天，我才能更加理性地看待这一切。"

当从自己的视角看公司里的人来人往时，他会感到伤感；但当他转换视角，跳脱出来，开始用上帝视角审视这一切的时候，他忽然发现自己的感受其实无足轻重，公司不过是一个需要进化的生命体。人进人出只是这个生命体进化的必由之路，这一切都是非常自然、合乎自然法则的。

为什么上帝视角能让傅盛在心理上产生如此巨大的转变呢？这是因为，上帝视角能让我们从"我"这个壳中抽离出来，成为自己生活与生命的一个旁观者或俯瞰者。作为旁观者或俯瞰者，我们看到的内容自然就与"我"所看到的内容大相径庭了，产生的感受也会因此不同。当作为"自我"时，我们看到的是有关自己的一切，会有一些自己的感受和情绪，当迷失在自己的感受与情绪中时，我们就会失去整体观与大局观。当作为俯瞰者时，我们看到的就是一个整体、一个大局，我们会意识到，其实这个整体和大局也是有其运作规律、系统结构和它固有的目标与存在意义的。因此，转变就发生了。

在一对一的辅导中，我也会经常使用上帝视角为咨询者进行视角转换，让他站在另一个更高的角度去看待问题。比如，有的咨询者想让自己的家庭氛围变得更和谐、轻松。在他制订好方案后，我会问他："如果你是你们家房顶上安装的一个摄像头，你会看到什么？"这时，咨询者就会用上帝视角俯瞰家中的一切，从而觉察更多，有更多的发现，从而让改变自然发生。

瑞·达利欧在《原则》中写过这样一种思考方式——高层次思考。从本质上说，这也是一种上帝视角："人类拥有独特的从更高层次俯视的能力，这不仅适用于理解现实和现实背后的因果关系，也适用于俯视自身和周围的人。我把这种超越自己和他人的处境并客观地俯视处境的能力称为'更高层次的思考'。更高层次的思考能让你发现生活中的各种因果关系，利用这些因果关系得到你想要的结果。"

他还写道："高层次思考不是指级别高的人所做的思考，而是指自上而下地审视事物，就像你从外太空看你自己和整个地球。从这个绝佳的角度，你会看到大陆、国家和海洋之间的联系。拉近镜头，你还可以看到更多细节，你可以近距离地看到你的国家、你所在的城市……最后看到你身边的环境。因为有了这个宏观的视角，你对事物有了更深刻的洞悉。这比你仅仅围着自己的房子打转好得多。"

可见，上帝视角能给我们带来两种改变：第一，让我们用一种完全"无我"的姿态看待一切，不再沉溺于自我的情绪与感受里；第二，让我们拥有更宏观的视野与更清醒的洞察，从而做出更准确的决策与判断。

全面升级你的世界观

有一名美国的前宇航员搭乘宇宙飞船去了太空。他每天从太空遥望地球。一开始，他关注的是哪里是他所在的国家和城市，哪里是别的国家和地区。

然而，随着在太空中工作的时间越来越长，他开始被这个蓝色星球整体的美所深深打动。回到地球后，他决定把在太空中看到的蓝色星球展示给大家，展示给来自全世界不同国家的人们。

于是，他成了一位进行环球演讲的慈善大使，呼吁全人类保护地球，让大家意识到，在地球上生活的不同国家和种族的人其实属于同一个整体、同一个系统。

从这个故事中我们可以看出，这位宇航员对整个宇宙的全新认识将其固化已久的关于国家与国家、城市与城市的认知界限完全打破了，这背后隐藏着的是一个人世界观的变化。

那么，什么是世界观？我们可以将它理解为：一个人对整个世界以及人与世界关系的总的看法和根本观点。

纵观世界观的演变，我们会发现，我们对于这个世界的看法，对于自己所居住的宇宙的看法，以及对于自己在宇宙中位置的看法，一直都在发生着变化。

在亚里士多德的世界观中，地球被认为是宇宙的中心，日月星辰都在围绕着地球做圆周运动，可后来我们知道，地球并不是宇宙的中心，日月星辰也不是绕着地球转的。在进化论之前，人类认为自己的是特殊的，而通过进化论，我们第一次意识到，人与其他动物并无本质区别，人类也是从动物演化而来的。从此，我们开始抛弃长久以来所秉持的"人类很特殊"的观点。人的确是高级动物，但并不那么特殊。

世界观上发生的重大转变会极大地拓展我们的思维，改变我们的想法，增加我们的见识，从而让我们对同一个问题产生完全不同的理解、判断和思考。这样，我们所面对的很多问题就会自然而然地消失，或是迎刃而解。

举例来说，如果你是一个自我非常强大的人，可能就会有颇多烦恼。因为你总是觉得自己与众不同、得天独厚，秉持着一种"我很特殊"的观点。然而，如果你理解了进化论，你就会发现，其实整个人类在最开始的时候就认为自己是这个宇宙的中心，认为"人类很特殊"，但随着科学技术的发展，人类逐步意识到"人类并不特殊"。而你呢？是真的很特殊吗？可以特殊到别人都该以你为尊、以你为主吗？或者，别人一个不经意的表情，就会让你感觉是一种轻蔑和侮辱吗？还是说，其实，你与其他人一样，不过是一个并不特殊的普通人？

当你的世界观真正发生改变的时候，很多现在困扰你的问题都将变得不复存在。你看问题的方式和看世界的方式也会在不经意间发生变化。

著名的科幻小说《三体》是一部我非常喜欢的小说，因为它将我对于人类和地球自身重要程度及地位的信念从 100 分降到了 0 分。自此，我的世界观被彻底刷新了，我看待事物和问题的角度也发生了巨大改变。

太阳系预警系统已经于五个小时前证实，对本星系的黑暗森林打击出现。这是一次维度打击，将把太阳系所在空间的维度由三维降至二维，这将彻底毁灭太阳系中的所有生命。预计整个过程在八至十天内完成，截至公告发布时，太阳系三维空间向二维的跌落仍在进行中，且规模正迅速扩大，速度正迅速加快。已经证实，脱离跌落区域的逃逸速度为光速……政府提醒所有公民，逃逸速度远大于目前人类宇宙飞行器的最高速度，逃亡成功的可能性为零。

　　这段于平静中蕴藏着巨大毁灭力的文字正是来自《三体》。在看到太阳系被宇宙中其他星球实施降维打击，从三维（立体的）打压到二维（平面的）的时候，如果你当时正站在宇宙中目睹这一切，不知你的内心会涌起一种怎样的感受。

　　我们可能会想，原来我们一直以为很了不起的地球和太阳系竟是如此不堪一击，人类竟然如此渺小。

　　这时，再面对眼前的痛苦和纠结，你会有什么新的想法？你对自己重要性的认知又会发生什么变化？这就是截然不同的世界观带给一个人的完全不同的认知与感受。比如，你可能会变得不再那么以自我为中心。当你不再以自我为中心的时候，以前那些不断困扰你的问题可能就会自行消散，不再成为问题。

　　这就是视角转换后的两种思考法：上帝视角以及全面升级你的世界观。其实，很多问题并非无解，只是你的世界观没有升级而已。

　　最后，送给你一句普鲁斯特的话："真正的发现之旅不在于发现新风景，而在于获得新视角。"

第四节

第三选择思考法
你不必只做单选题，也不必留下遗憾

有一个读者发来这样一段文字：

我恨我的父母，准备逃离，但今天我父亲生病住进了医院。父亲有一家小工厂，我毕业以后就被父亲拉回家，父母想让我接管这家工厂。现在，我面临着道德压力，内心很煎熬。请问，我该逃，还是该战？

在这个问题中，我看到了两个互相对立的选择：逃或者战。除此之外，别无选择。但真是这样吗？战或逃，除此之外，别无选择？

很多人都有非黑即白、非此即彼的思维方式。夫妻离婚时会跟孩子说："你选我，还是选他？"选工作时，你可能会想："我去做公务员就等于放弃了作家梦，我去写作了就等于一点儿收入都没有了。"

于是，我们总是一次次陷入两难境地，难以抉择，进退维谷。为何会这样？这是因为，大多数人都认同这种非此即彼的选择方式与思维模式，也就是"点状思维",总是习惯性地将一个议题或决定套在一个二元框架上。我们大多数人似乎有一种条件反射般的将事物一分为二、两极分化甚至敌我对立的冲动。于是,我们生活的世界出现了各种各样的对立:逃避与反抗、长期利益与短期利益、女人和男人、员工与管理层、农村与城市、卖家与买家、原告与被告、有信仰者与无信仰者……然后,战争、暴力、奴役、对抗、冲突等就产生了。为什么很多人都是"点状思维者"?这个世界真的都是"非黑即白""非此即彼"的吗?其实,我以前也有这种思维模式。

有一段时间,我一直认为,有的人之所以在都市里感到焦躁不安,就是因为我们与自然及我们的内心失去了联系。所以,虽然身处上海,我一直认为终有一天我得归隐山林,因为只有这样我才能获得最终的宁静与自在。相反,如果一直在都市之中,我就会常常感到焦虑不安。那时,我认为人生只有两种选择:要么在山林中生活,要么在城市里奋斗。直到后来爱上中国园林,我的这种思维定式才彻底改变。

自春秋战国以来,对中国的文人来说,"隐于山林"和"入仕为官"一直都是彼此对立的。所以,很多中国文人都必须在"隐于山林"与"入仕为官"之间做出选择(要么"隐居",要么"入仕",比如,陶渊明就选择了隐居山林,并因此写下了"采菊东篱下,悠然见南山"的诗句),直到唐代王维的出现。他做出了一个并不相同的选择——在城市附近建造园林。

这样,将园林之门推开走出去时,他就实现了进入仕途,也就是"入世";当走回园林时,他就又开始享受园林与生活之美了,即"隐于山林",也就是"出世"。因此,王维不需要再像陶渊明那样彻底地隐于山林,也不必再像大多数人那样永远地生活在世俗之中。

这就是王维对于"出世"和"入世"的解决之道，他并未做出"非此即彼"的选择，而是在"入世"与"出世"之间找到了一种平衡，从此进退自如、行于中道。后来，白居易也在洛阳城外建了自己的园林，实现了"进退自如"，还写下以下诗句："进不趋要路，退不入深山。深山太濩落，要路多险艰。不如家池上，乐逸无忧患。"

自此，从春秋战国以来中国文人一直无法解决的"仕"与"隐"的问题终于得到了解决。

这就是中国园林教给我的重要人生哲学——并非所有选择都得非黑即白、非此即彼，还有一种选择叫进退自如、行于中道。

圣雄甘地也是运用"第三选择"的经典例子。面对英国殖民者的不平等待遇，甘地既没有选择逃避，也没有选择武力对抗，而是做出了"第三选择"——非暴力不合作。正是在圣雄甘地的领导下，印度向着独立国家的目标前进了一大步。

当我的家人或朋友有类似困扰时，我都会问他们这样一个问题："除了眼前的两个选项，如果还有第三选项，你觉得会是什么？"

我有个朋友在几个工作选项中持续纠结，长达几年。当我带着她梳理了自己的愿景后，她开始意识到自己要走的方向。然而，她依然无法做出抉择，因为剩下的两个选项里没有一项是能一步到位，让她实现愿景的。这时，我就问她："除了你跟我说的这两个选项，如果还有第三选项，你觉得会是什么？"

后来，她果然想出了"第三选择"——维持现有工作，然后将所有的业余时间都投入自己所热爱的写作中，等写作上有了一定的成果后，就可以专职从事写作了。

当想出这个"第三选择"的时候，她的脸上绽放出了由衷的喜悦与满足。现在，她正坚定地走在这条路上，每天不再纠结。因为她把从前用于纠结的时间和精力都用在了现在的努力上。

这就是"第三选择"的力量，当走出"非此即彼"的思维模式后，你一定能感受到世界正变得更加宽广。

正如那句非常著名的话所说的：如果你只会一种做事的方法，那你就和机器人无异；如果你只会两种做事的方法，你就会陷入两难的境地；如果你想真正地拥有灵活性，你就必须至少掌握三种做事的方法。

第五节

无边界思考法
若有宏大的人生观，人生还有何难解之题

本节将会进行一个非常有趣的讨论，看完后，你就会发现自己的人生观已在不知不觉间发生了改变。

接下来，我们先从"什么是有限的游戏与无限的游戏"这个话题说起。

有限游戏与无限游戏

哲学家、宗教研究学者詹姆斯·卡斯把人类的所有活动都看成一次次的游戏。其中，大多数的人类活动都是有限游戏。比如，在社会上获得头衔、攫取权力的活动就是一种非常重要的有限游戏，它有一系列的运行机制（如政治、法律、财产等方面的），以让人们聚焦在有限游戏中。再比如，战争也是一种有限游戏，它的目的是掠夺更多资源，获得更多权力。可见，有限游戏就是那种以取胜为目的，不断在边界内玩的游戏，它只有一种结局——输或赢。

无限游戏则是以延续为目的，在延续的过程中产生出无数种可能性与结局的游戏，比如文化等。

从本质上来说，有限游戏与无限游戏的最大区别就在于：有限游戏以取胜为目的，无限游戏以延续游戏为目的，有限与无限的本质区别在于有无边界。

有限游戏的参与者为了取胜，在有限的时间里自愿给自己设定了很多边界，主动放弃了自己的一部分自由。

无限游戏的参与者则将时间拉长到一生，他们不以取胜为目的，而是主动延续着各种无限游戏，以达到根本自由的状态。他们的边界只有一个，就是生命的终结。

有限游戏有很多边界，而无限游戏只有一个边界。

无边界思考法

无边界思考法，是让我们用无限游戏的方法去思考人生中的一切，从而打破有限游戏中的各种边界，获得人生自由的思考方法。

很小的时候，父母和老师就让我们参与到一个名为"好好学习，努力考第一"的有限游戏里。每次游戏都有排名，都有赢家。

后来，游戏变得日益残酷，从小学升初中，初中升高中，一直到高考，每一次游戏，我们和父母都如临大敌。于是，在一轮轮日益残酷的有限游戏里，我们忘记了自己对这个广袤世界的好奇与探索之心，迷失在了对游戏胜利的追逐之中。

上大学后，我们终于感到这个游戏不再那么残酷，忽然有时间读书、玩耍、谈恋爱了。然而，在大三时我们却再次发现，还有一个更加残酷的名叫"看谁能找到好工作"的有限游戏正在等着我们。于是我们幡然醒悟，立刻投身于考研、考 GRE，为笔试和面试做准备的浪潮之中。

最后，我们总算找到了一份看起来还不错的工作。可是，还没来得及喘口气，就开始了新一轮的有限游戏，这个游戏的名字叫"看谁升职早，看谁赚得多，看谁住的房子大，看谁娶的老婆更漂亮，看谁的孩子更聪明"。

玩游戏之初，我们的时间很充裕。那时，我们还有一些梦想和对未来的期待。然而，随着时间的流逝，我们发现自己拥有的可能性越来越少。选择开始变得越来越重要，也越来越艰难，我们常有一步不慎、满盘皆输的危机感。年轻时，我们可以轻易做出嫁人、换工作、出国读书的决定。然而，随着年龄逐渐增长，我们做每一个决定的机会成本也在与日俱增，于是我们认定自己绝不能再继续任性。于是，在距离生命的终点很远的时候，大部分人就替自己做了最后的决定——在有限的游戏里继续轮回。

在玩有限游戏的过程中，大多数人都过得大同小异，我们也慢慢活成了同一种人，那就是以取胜或比周围的人更好为目标，永远处在社会主流价值观边界之内的人。可惜的是，与此同时，我们也失去了一些自由。因为我们自动将自己的人生框在了一个个狭小的方框里，难以动弹，进退维谷。

我们需要用无边界思考法打破人生的种种限制，活出无限游戏的自由。那么，我们具体该怎么做呢？关键包括三点：消除时空边界、消除角色边界、修改规则。

我们可以将整个一生作为玩游戏的时间框架，而不是将时间限制在一个月、一年，或是30岁之前、35岁之前等；我们可以放开对自己的角色束缚，而不是将自己限制在"我只是大专毕业，所以只能怎样怎样""我是一个女生，所以只能怎样怎样"的角色边界中；我们可以重塑自己的信念，而不是将自己限制在"我必须要证明自己""我必须要赢""我的同学都有房，我也得有房"的信念之中。这时，我们就会发现，人生能做的事其实是非常多的。我们给自己设定的各种各样的时间空间限制、角色限制、输赢规则、限制性信念，都在无形中将我们框在了有限游戏之中。

如果我们真能做到扩展边界、探索边界，人生将会变得非常不同。正如詹姆斯·卡斯所说：有限游戏是有剧本的，而无限游戏是传奇性的。

其实，人的出生本就具有传奇的性质。如果我们想要续写这种传奇，我们就该活出自己的特色，挖掘自己的天赋。这样，我们的心态才能是开放的，不再执着于输赢，也不再局限于各种边界，而是期待不断改变与探索，树立一种宏大的人生观。

如果能有宏大的人生观，那人生还有什么难解之题呢？这就是无边界思考法所带给我们的无限游戏的人生，它是能让我们获得终极自由的思考方法。

人生的无限游戏

我们该如何开始人生的无限游戏呢？我们要先设计几个无限游戏，然后再将它们真正付诸实践。依据这个思路，我为自己的一生设计了 5 个无限游戏，供大家参考。

无限游戏 1：对知识的探索

罗素说："三种纯粹而极其强烈的激情支配着我的一生，那就是对爱情的渴望，对知识的追求，以及对人类的苦难痛彻肺腑的怜悯。"

总的来说，知识可分成两类：一类来自书本，一类来自实践。前者依赖于读万卷书，后者依赖于行千里路以及阅人无数。二者密不可分，都很重要。

我们越在知识的海洋里遨游，就越会发现知识的海洋没有边界。无论多么努力，我们用一生的时间去追求知识也依旧感觉时间不够用。然而，在这个过程中，我们会感觉无比愉悦。在对知识的探索中，我们也会在不知不觉间变得更为谦逊，因为我们知道一山更比一山高。同时，通过学习不同领域的知识，我们也拥有了很多不同的视角。

对于知识的认知，我们会经历四个阶段：

```
不知道自己知道    0.1%
      ↑
知道自己知道      0.9%
      ↑
知道自己不知道    4%
      ↑
不知道自己不知道  95%
```

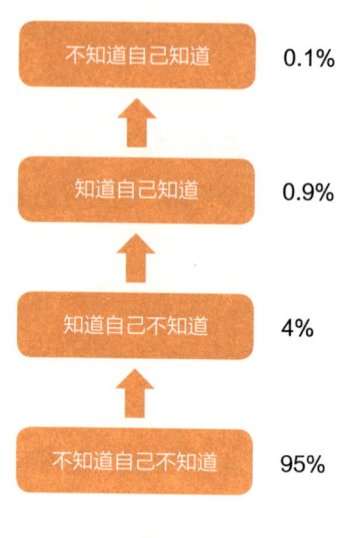

图 4-8
认知的四个阶段

我们变得不想再做有限游戏，争夺第一，终日比较。我们只想比过去的自己更博学、更充实，达到"不知道自己知道"的最高境界。

无限游戏 2：对智慧的追求

智慧与知识不是一码事。古希腊谚语说，要从你所经历的一切中获得理解。这种理解就是智慧。智慧是指将智力、知识、经验和判断等综合起来，以某种方式融会贯通后，所形成的理解。换句话说，一个人把所经历的一切融会贯通后，所形成的自己的见解，就是智慧。

相比获得知识，智慧是更难获得的。如果没有自己的思考与实践，我们得到的将永远只是零散的知识与方法。当面临重大问题与抉择时，你会发现自己不堪一击。很多年前，我写过一篇文章，名为《成为快乐的猪还是痛苦的苏格拉底》，文中论述了我为什么明知痛苦却依然想要获得智慧的原因。其实，从那时起，我就清楚地知道，在通往智慧的路上，迷茫与痛苦不可避免。然而，与无知的快乐相比，我宁选前者。

无限游戏 3：对美的向往

为什么对于美的向往也是一种无限游戏呢？因为美无处不在，而对美的追求永无止境。

艺术之美是一种来自灵魂深处的战栗，是自由自在的生命表达，是永不停歇的解放和突破。而自然之美，则是艺术之美生生不息的源泉，是生动鲜活的生命的力量。

每当我在中国书画展看赵孟頫的字、黄公望的画，或是站在国外的博物馆和美术馆里看米开朗琪罗的雕塑、波堤切利的画时，我都会无比真实地感受到来自灵魂深处的战栗。如今，每年我都会花不少时间去各地看展览。在看展览的过程中，我与那些大师进行着一次次灵魂的交流，感受着他们对美的执着、对生命的热爱，或是对名利的淡泊、对生命的观照。

这深深地影响了我的生命，我感觉自己也在发生质的变化——我对美的感受更加敏感了，对生命也有了更深入的体悟。

这种追求是永无止境的。

无限游戏 4：对自我的觉知与探索

克里希那穆提在《一生的学习》里写道："无知的人并不是没有学问的人，而是不明了自己的人……了解由自我认识而来，而自我认识，乃是一个人明白他自己的整个心理过程。因此，教育（或者说学习）的真正意义是自我了解。"

哲学家斯宾诺莎说，人类所能希望达到的最大极限就是自我满足。然而，没有对自我的了解与深刻的觉知，满足从何而来？

除自我觉知外，还要自我探索，因为"我"不是固定不变的，"我"的潜力与能量远远比我现在所见的更大。

通过多年的探索及持续学习，我总结了认识自我的两种方法：一是向内的自我觉知，二是向外的不断尝试与探索。总结一下就是，通过一件件真实经历的事、一次次向外的尝试与探索，以及一次次的情绪反应，我从不同的维度去进行自我觉知，逐步画出"我"的模样，从而了解真实而多面的自己。

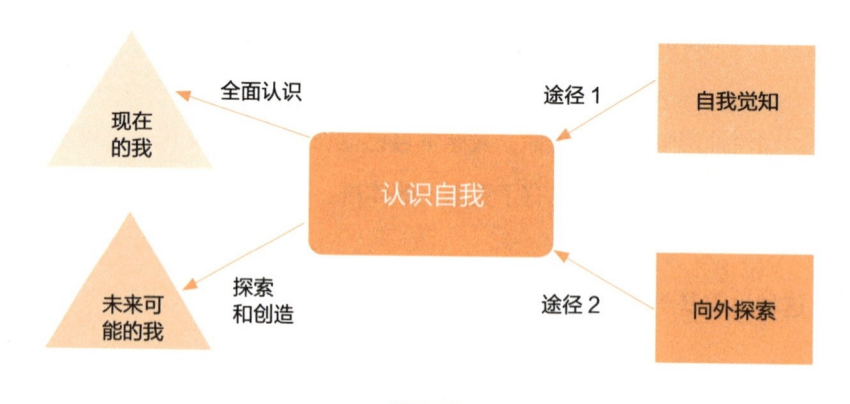

图 4-9
认识并创造自我

向内的自我觉知和向外的不断尝试与探索这两种方法绝非孤立存在的，它们是合而为一的。如果没有前者，后者的尝试与探索就只能成为一种经历，而无法沉淀为思考以及对自我的认识；如果缺了后者，前者就会变成无米之炊和无源之水。

正如山本耀司所说的，"自己"这个东西是看不见的，撞上一些别的什么，反弹回来，我们才会了解"自己"。

其实，这句话与我所说的两种认识自我的方法有异曲同工之妙："撞上一些别的什么"，说的正是我们需要不断进行尝试与探索，从而产生碰撞；"反弹回来，我们才会了解'自己'"，说的则是必须进行自我觉知，我们才能了解真正的自我。

同时，我们认识的自我既是一个，又不是同一个。因为这里一共有两个自我：一个是"现在的自我"，另一个是"未来可能的自我"。"现在的自我"说的是"我是谁"，而"未来可能的自我"说的则是"未来的我可能成为什么样"。

前者，值得我们用一生去觉知；而后者，则值得我们用一生去创造。

无限游戏 5：对他人的帮助

傅真去印度的"垂死之家"做过义工，在其所著的《泛若不系之舟》这本书中，她讲过一个真实的故事：

有一个在美国读书的香港女生，先后来加尔各答做过七次义工，连大学她都特地辅修了印地语。大学毕业后，她终于再次来到此地长住，为一个NGO（非营利组织）工作，在当地小学教书。她周一到周六都要上班，就连唯一的休息日，她也不闲着。每个星期天，她都会来"垂死之家"服务。她说，来这儿工作比在家休息更让她开心……

她说得很对，在帮助他人的时候，我们能感受到流动在我们与他人之间的能量。这种能量是如此温暖而美好，既能消除他人的痛苦，又能化解我们自身的不安。

平时，我会给咨询者提供一对一的教练辅导。在这个过程中，咨询者会被强力赋能，而当我感觉到他/她的状态越来越好的时候，我也会被强力赋能，这种感觉真的很好。

在这个世界上，有太多人需要帮助了，无论是精神上的还是物质上的。确切地说，在这个世界上，没有人不需要帮助。帮助他人当然是一个没有边界，能做一生的无限游戏。

从本质上来说，无边界思考法正是对我们人生观的拓展与重塑。当你的人生观从狭隘、有边界变得宽广、无边界的时候，很多问题自然会迎刃而解。这也是升维思考的厉害之处，有时根本无须解决问题，问题就会自行消解。

第六节

塑造者思考法
没学过火箭技术，就不能造火箭吗

跳出最小阻力路径

我有一位朋友，她说很想改变自己与母亲之间的关系，但尝试了很多办法都没有效果。她的母亲总爱批评她，每次都会引起她的强烈不满，然后她就会反击。这时，她的母亲会觉得她太不孝顺，于是非常生气。两人每次都会陷入冷战。每一次的冷战都会让她陷入自己不孝顺的自责之中，虽然自责，但下次这样的事依旧会发生。

如要深究此中原因，则可追溯到她的童年时代。如果我是一名心理医生，我可能会跟她聊聊她童年时发生的各种事情，看看哪些事情对现在的她造成了如此巨大的影响，以至于影响了现在她与母亲的关系。然后，我们再想办法加以改善。

但是，我没有这样做，我问了她一个问题："如果把现在当成零，从现在，也就是从这个零点开始进行创造，你想在你与母亲之间创造一种什么样的关系？"

原本她来找我时，情绪非常低落。但是，当我问出这个问题后，她的眼睛开始闪烁期待与喜悦的光。思考这个问题的时候，她的眼睛盯着不远处的天花板，向我描绘了她所期待的一个画面：她与母亲手挽着手在小区的花园里散步，有说有笑，她说的是白天工作的事，母亲说的是昨晚所看的电视剧的情节。当她们散完步的时候，她们给了彼此一个温暖的拥抱。

在进行这些想象和描述的时候，她的话语里充满了爱与温暖，她的眼睛里充满着期待。

我问她："想到这幅画面的时候，你感受到了什么？"

她说："我感受到了爱、理解与温暖。"

我又问她："如果从零到十打分，你现在的幸福指数是多少？"

她说："十分。"

然后我问："对你来说，这个梦想中的画面变为现实意味着什么？"

她说："因为我缺少爱和理解，所以，我非常需要母亲对我的爱和理解，以及由此而来的幸福。我非常渴望这种幸福。"

我说："如果从零开始进行创造，你想怎样将这幅画面变为现实，获得十分的幸福？"

她想了想，回答我："以后在母亲批评我时，我会想她这是为我好，我不会再跟她顶嘴。我每周会跟母亲去散一次步，每次散步时都说好两人不吵架，要手挽着手，一起聊聊这周遇见的好玩的和有趣的事。每周去看母亲的时候，我会主动抱抱她，虽然以前我从未拥抱过她，这对我来说可能有点困难。我还想每次见面都跟她说我爱你，虽然以前我也从未说过。"

自从这次对话后，她与她母亲之间的关系发生了非常大的转变。如今，她每次都会主动给母亲一个拥抱，并对她说"我爱你"，母亲对她的批评也变少了，说话也柔和了。她们每周会一起散个步，在不吵架之后，每周一次的散步与聊天让她们的心走得更近了。母亲以往一直反对她的决定，现在也不再那么反对了，母亲变得更愿意听她的想法了，不再像以前那样，直接给出批评的意见。就这样，她们母女之间的关系发生了巨大的变化。

其实，在这段对话中，我从来都没问过她的母亲批评她的原因，也从来都没问过她冷战的原因。我只是问了一个非常简单的问题："如果把现在当成零，从现在，也就是从这个零点开始进行创造，你想在你与母亲之间创造一种什么样的关系？"

于是，那个出现在脑海中的和谐画面就成为指引她找到改变方法的巨大动力，她没有回到过去早已习惯的路径中，重复一次又一次的冷战。相反，她受到美好愿景的指引，选择了从零开始创造，她主动选择了改变，并因此影响了母亲，形成了一个不断变好的增强回路。

这一切究竟是怎样发生的呢？原因并不复杂：她用创造代替了她的最小阻力之路。那么，什么是最小阻力之路呢？

《最小阻力之路》的作者罗勃·弗利慈住在波士顿，来波士顿的朋友常常问他："当年你们是怎么规划道路的？"（如果你去过波士顿就会发现，那里的街道没有什么规律可循，有很多迂回曲折的街道。）

事实上，波士顿的道路完全是利用既有牛径拓宽而成的。

这些牛径又是怎样形成的？

牛行走时通常会随着地势起伏，找寻最容易的路径，前面有山，牛就不会强行穿越。相反，它会挑选当时最好走的路线，哪怕是要绕到山的另一头。换言之，它的行走路线取决于地形结构。久而久之，牛径隐然成形，行走愈加方便。

可以说，地形决定了牛群移动的轨迹。现代波士顿的都市规划，也正是随着17世纪牛群的行走路径这么走下来的。

可见，在一个结构中，能量往往会沿着最小阻力路径行进。换言之，能量在流动时，一定会找寻最容易的路。在既有结构中，牛会习惯性地走那条最容易的路，这是因为在既有结构中，能量总会沿着最小阻力路径行进。最小阻力之路就是在既有结构中，已经走了很多遍，阻力最小、最自然而然的那条路。不但牛如此，自然界的一切都是如此。

同理，我们经常使用的解决问题的方法，其实也是由在既有结构中已经做过很多遍，阻力最小且最自然而然的思维模式、心智模式和行为模式所决定的，而这种固定下来的模式就是我们的最小阻力之路。

因此，对我这个朋友而言，最小阻力之路就是这样一种行为模式：母亲批评她，她顶嘴，然后二人陷入冷战。按照我们之前学过的系统性分析方法，这种行为模式的本质就是一个会导致系统崩溃的增强回路。然而，这一增强回路早已在两人之间形成，这也就成了她和母亲重复了很多遍的、阻力最小且最自然而然的行为模式，成了她和母亲每次都会不自觉地选择的解决问题的方式。然而，越想解决这个问题，问题似乎就越难解决。因为每当她想改变这种情况的时候，就会出现再次被环境和既有行为模式拉回到老路上的结果。于是，她开始绝望，不知如何是好。这就是解决问题型思维，也是大部分人正在使用的思维方式。

这时，我们就需跳出最小阻力路径，启动塑造者思维了。

重塑人生

第一步，扪心自问"我想要的到底是什么"

"我想要的到底是什么"这个问题看似简单，其实并不容易回答。对于这个问题，我们一定要认真、持续地进行思考，真实地面对。对这个问题进行思考也是非常值得的。

也许，有的人会说："环境就是这样的，我又能如何呢？我根本无力改变。我知道我想要的是什么，但我根本就实现不了，想了也白想。"这是真的吗？现在，我们回顾一下之前讲过的逻辑层次理论。

在罗伯特·迪尔茨的逻辑层次理论中，愿景层位于最高层，然后依次是身份层、价值观层、能力层、行为层和环境层。逻辑层次理论告诉我们，高的层次总是在不可避免地驱动着低的层次。当一个变化在高的层次发生时（比如，我想拥有完美的身材，并且在头脑中描绘出了关于这一愿景的画面），它往往就会影响到低层次的行为（比如，每周健身三四次）。相反，如果我们只在低层次上做出改变，而高层次的意识没有发生变化的话，低层次上的改变常常是难以持久的。

解决问题型思维的起点正是图 4-1 中的最底层，即环境层（最小阻力之路就是在环境层形成的那条最容易的路径）；而塑造者思维的起点则在图中的最高层，即愿景层。为何这样说？因为解决问题型思维是从既有的环境出发来思考问题的解决之道的（其思考的是：既有环境与现实就是这样的，我根本就没有选择，我只能接受现实。或者是，我已经尝试过很多次了，依然无法改变现实，那就放弃吧），而塑造者思维则是从自己的愿景出发来思考问题的解决之道的（其思考的是：我想要的究竟是什么？顺着这个问题，就产生了一个非常真实的愿景，以及一幅关于愿景的生动画面。因为这是依据自己真正想要的东西而产生的愿景，所以我对它自然是充满了热情和期待，决心要将它变为现实，于是我打算这样做……）。

以环境层为起点的思考，就是解决问题型思维，这就像是在面对一个象棋的残局，在已有的棋局之上，可以创造的机会所剩无几，只余寥寥几步，只能左右为难，举步维艰。而以愿景层为起点的思考，就是塑造者思维，这就像给了你一个重新布局落子的崭新棋局，你可以充分发挥自己的想象力与创造力，向着自己的愿景重新出发。当聚焦自己的真实愿景时，你就会拥有无限的勇气和创造的力量。在运用解决问题型思维时，你聚焦的是那些已经根深蒂固的问题，自然感觉烦躁、郁闷，无能为力。

许多人坚信环境决定了我们能做什么或不能做什么，许多人终其一生也无法创造自己想要的生活，这是因为他们运用的是解决问题型思维。然而，我们真的无能为力了吗？如果是的话，为什么在工作生活中，我们看到过那么多来自相同的环境的人却有着不同的结局？为什么在那些真实的故事里，有那么多处于相同环境的人，却有着完全不同的人生？

你认为，正是因为环境，所以你无法创造出自己想要的结果，但实际上，有人在相同的环境中创造出了不一样的人生。在现实生活中，这类人也被称为塑造者，他们不是先看自己身处的环境怎样，周围的人都在做什么，自己到底能干什么，然后再给自己找个定位；相反，他们会先问自己想要的到底是什么（也就是我们所说的愿景），然后他们会一直琢磨到底怎么做才能把这事干成。

埃隆·马斯克就是这样，他想让人类移民火星。有人问他，你学过火箭科学吗？马斯克说：没有，我的知识都是自己看书得来的，为了干这件事，我愿意去学习火箭科学。

蒙牛集团的牛根生也是这样。2000年，蒙牛的销售收入不到3亿元，在2001年制订未来的"五年计划"时，牛根生却将2006年的销售目标定为100亿元。很多人认为目标制订得不切实际。结果100亿元的销售目标在2005年提前实现。蒙牛是怎么做到的呢？就是先设愿景，再找实现之道。

褚时健也是这样的人。2002年，75岁的他选择重新开始——种橙子，他的愿景是：我希望我的人生价值都体现在当下，而不是昨天曾经如何。十余年后，褚橙年产10000吨，利润超过6000万元。褚时健在哀牢山上建起的褚橙庄园，也早已成了商业界的楷模，他也成了一个传奇。

他们都是塑造者，他们塑造的正是自己想要的人生以及想要的未来。相同的环境，困住了很多人，而那些没被困住的人正过着完全不同的人生。

第二步，从零开始创造

当你明确了自己的人生愿景后，就可以开始进行创造了。如何进行创造呢？不要从以前想过、做过，甚至是别人做过的事开始。你要重新开始思考，从零开始思考。

2018年4月底辞职后，我参加了一个培训课。

上课的第一天，老师让我们每人选一张符合自己心境的图片卡，并说明选择这张卡片的原因。有的同学选择了乐团指挥的卡片，有的同学选择了几个手叠在一起的卡片，也有的同学选择了图书馆的卡片。

我则选了这样一张卡片：画面上的人纵身一跃，从耸立的峭壁上要跳到深海之中。为何选这张？因为对那时的我来说，深海代表的不是危险，也不是令人恐惧的未来；它代表的是自由、无限的可能，以及自己可以创造的崭新世界。

也许你不会相信，在选择这张卡片之前，从峭壁上跳入大海的场景就在我的梦中和想象里出现过很多次。这个场景仿佛是一种召唤，对我最终做出的选择起到了非常重要的作用。

记得在我准备辞职时，周围的很多人一边佩服我的勇气，一边语重心长地跟我说："你就这么辞职了，如果几年后，你又想回到职场怎么办？这样做,你的职业生涯不但有了一个很长的断层期,你需要做出充分的解释,那时你的年纪也比现在大了几岁,你所熟悉的工作也一定有了很多变化,你适应起来会非常困难的。到那时,你该怎么办呢?"

说实话,这个问题若是没有好好想过,我也不敢裸辞。回想 11 年前,我刚刚硕士毕业的时候,我不仅没有积蓄,没有工作经验,没有人脉,在上海也没有住所。通过努力,在过去 11 年的时间里,我拥有了现在的一切。辞职两年后,如果没能实现自己的理想,我还得重回职场,那也比 11 年前的境况要好很多。因为现在的我不仅有积蓄,有工作经验,有创业经验,有人脉,有住所,有爱的人,还有这些年积淀的一切。11 年前,我一无所有时都不怕,为什么现在却要怕?大不了就像 11 年前那样从头开始!再用 11 年的时间去好好工作,重新来过。为何要怕呢?

这就是从零开始思考、创造的思维,我们可称之为零基思维。它是拿掉既有框架,让思维回归原点,从头开始思考的思维方式。这种思维方式能最大限度地让我们去进行创造。

这个概念其实最早来自财务领域。财务领域有个概念叫零基预算,是指企业在编制预算的过程中,所有支出均以零为基底,不参考过去的预算和营收水平的惯性,从根本上研究分析每项预算是否有支出的必要,以及支出数额的大小。

一般来说,企业每年编制预算的时候都应该把去年的预算表打开,在上面修修补补,做些调整。然而,零基预算打破了这种固有的预算编制模式,它不再参考过去的预算和营收水平,而是从根本上重新考虑需要支付的每笔费用。

那么，为何会出现这样一种预算制订方法呢？原因很简单。如果一直都参考往年的预算进行编制，企业的思维方式和行为模式就会非常自然地如法炮制。但是，如果能从零开始，企业就必须重新开始思考到底需要什么、不需要什么，以及为什么需要、为什么不需要。

同样，零基思维也是如此，它让我们像在一张白纸上开始画画那样去面对眼前的问题和困局。在一张白纸上画画意味着什么？意味着你可以画自己想要的任何东西，而不是在既有的框架内绘画，按照老师的要求绘画，或是只做简单的填色游戏。所以说，零基思维代表的是从今往后你拥有更多的可能性，以及创造的机会。

如果没有这种思维方式，裸辞前的我会怎么想呢？我会想，奋斗了这么多年，我才混到今天这样，现在是我这些年收入水平最高的时候，一旦辞职，我不但没有了收入，就连"四金"（指五险一金中由个人缴纳的部分，包括养老保险金、医疗保险金、失业保险金和住房公积金）都得自己缴。折腾上一两年如果没能成功，我还得灰溜溜地回到职场，继续过朝九晚五的生活。这样，我损失的便不仅仅是这两年的收入，还有这两年的时间，甚至包括这两年我投入的资金。何必呢？我还不如在职场中好好工作呢。

看到这里，相信你已看出了这两种思维方式的巨大差异。当你开启自己的创造历程时，切记，没有任何一条创造之路是绝对正确的。不论是画画、作曲还是写作，都没有所谓绝对正确的方式。你所做的事情更多地与你的价值观、天赋才干、个人风格、偏好等相关。当你在自己的人生道路上进行创造的时候，你会成为自己人生的专家。

随着你创造的事物越来越多，你的创造力会逐步提升。慢慢地，你会成为一个总能跳出框架创造性解决问题的人，成为一个真正的塑造者。

可能有人会说，有些事是无论如何也无法用塑造者思维来看的。在这里，我想到了在《理解未来的 7 个原则》这本书中，作者提到的一个真实的故事。

有一次，我做了一场演讲，一位女士在演讲结束后来找我。

她说："我有一个问题，但是我无法解决。"

她最近被诊断为癌症晚期，肿瘤发展得很快，她只剩半年左右的寿命了。

"我简直像生活在人间地狱，"她说，"我不想死，可我知道我就要死了。这个念头挥之不去，我到底该怎么办？"

"对于这样的诊断结果我很抱歉，"我说，"我们当然都知道人终有一死。但当你清楚地知道自己何时会离开时，一切就又完全不同了。"

她点点头，我们都沉默了片刻。

"我可以提一个建议吗？"我问，她点点头，"你与其想着命不久矣，不如想想现在的生活该怎样过，以享受生命剩余的时光。"她的脸忽然变得明朗起来，我看得出，她听懂了我的意思。

大约一个月后，我收到了她的来信。她在信上说，想法一转变，她的生活也彻底发生了改变。她开始安心享受生活中的乐趣、美好和快乐，而在此之前，她一直惶惶不可终日。她知道自己快要死了，这个问题她解决不了，但她可以跳出这个问题来生活。

跳出这个问题来生活，就是重新进行创造，创造就是超越。超越是一种重生的力量，让我们得以重新开始，开创新局，摆脱束缚，拥有第二次机会。通过创造，你就能实现超越。超越之后，一切再也无关过去：无论过去的你战无不胜，还是屡战屡败。超越过后，你得以创造新的人生，不用因为过去的胜负而有所负担。它召唤的正是一种从零开始的力量，是一种全新的状态，一旦进入那种状态，你就能活出新的可能，实现过去几乎无法想象的一切。

可见，跳出框架，重新开始创造，成为自己人生的塑造者，就是终极版的升维思考。

最后，我想用萧伯纳的一句话与你共勉：人们总是抱怨他们成为现在的自己是因为所处的环境，但我不相信这是因为环境。改变世界的是这样一群人，他们寻找梦想中的乐园，当他们找不到时，他们就会亲手创造。

本章小结

1. 升维思考是什么（What）

跳出眼前问题的限制与常规解法，通过层级、时间、视角、边界、位置、结构的变换，重新思考问题及其解决之道的思考方式。

升维思考的本质是对价值观、人生观、世界观的重新审视，拓展及重塑。比如，层级思考法和时间轴思考法是对自我价值观的审视，视角思考法是对世界观的拓展和重塑，无边界思考法是对人生观的拓展和重塑。

2. 我们为何需要升维思考（Why）

这是因为升维思考能给我们带来行为上的切实改变；有些问题如不升维思考就无解；升维思考可以让我们更加了解自己的价值观，并拥有更宏大的人生观和更高阶的世界观；升维思考能让我们重新获得开始的机会，创造自己真正想要的人生。

3. 如何进行升维思考（How）

升维思考的六大武器：层级思考法、时间轴思考法、视角思考法、第三选择思考法、无边界思考法和塑造者思考法。事实上，升维思考的方法还有很多，大家可以关注我的微信公众号（ID：艾菲的理想）进行阅读。

第五章

逆向思考

为什么聪明人都爱反着想

在谈到自己能够在数学领域取得成就的秘诀时，数学家雅可比说："逆向，永远要逆向思考。"因为雅可比知道，许多难题只有在逆向思考的时候才能得到最好的解决。

当年，几乎所有人都在试图修正麦克斯韦的电磁定律，以使它符合牛顿三大运动定律。爱因斯坦却转了个180°的大弯，修正了牛顿的定律，让其符合麦克斯韦的定律，结果爱因斯坦提出了相对论。因为爱因斯坦知道，真理有时就藏在相反的方向里。

当大多数人都在研究如何获得幸福、如何获得成功的时候，查理·芒格则认为：如果要明白人生如何得到幸福，就要先研究人生如何才能变得痛苦；要研究企业如何做强做大，就要先研究企业是如何衰败的。因为查理·芒格知道，有时正向思考未必能将我们带到想去的地方，而逆向思考却可以。

这就是聪明人都爱用的逆向思考。那么，什么是逆向思考呢？逆向思考是对司空见惯的、似乎已成定论的事物或观点反过来思考的一种思维方式。

下面，我们来看五个非常重要的正向-逆向模型：成功-失败模型，变化-不变模型，加法-减法模型，幸福-痛苦模型，组合-反向模型。

第一节

成功－失败模型
有了"过滤器"，我们就能在 10 秒钟内对 90% 的东西说"不"

有个乡下人说："要是我知道我会死在哪里就好了，我将永远不去那个地方。"这句简单的话闪耀着智慧的光芒，其本质是，要想得到 X，就得先研究一下如何避免 X 的反面。所以，要想获得成功，就得先研究一下如何才能避免失败。

这就是"成功－失败"模型，正向思维聚焦于成功的原因，逆向思维聚焦于失败的原因，而这个思维模型可以让我们在看到成功的原因的同时，毫无遗漏地关注到究竟什么会导致失败，在实践中我们又该如何提高成功的概率。

误判心理学和行为经济学

我们之所以会有错误和非理性的行为，是因为粗心、考虑不周、缺乏经验，还是能力有限？都有可能。出现错误和非理性行为的一个重要原因，就是误判心理——由于心理习惯所产生的误判。

可以说，误判心理学是一种逆向思维模式，因为它研究的不是如何让人们更成功、更富有或更幸福；相反，它研究的是，到底哪些心理反应会让人们做出错误的、非理性的判断与决策。

查理·芒格说，要想避免非理智行为，最好能对自己脑中的怪癖了然于胸，然后才能及时预防。在《穷查理宝典》中，查理·芒格总结了25种导致判断失误的原因，"避免不一致性倾向"就是其中之一，而且极为常见。

"避免不一致性倾向"的意思是，人们讨厌前后不一致，总想着将前后协调起来、统一起来。当"避免不一致性倾向"与"讨厌不确定性倾向"结合起来的时候，就会产生非常可怕的后果——过早地做出决定但永不改变。于是，我们中的很多人就会一直抱着在小时候就已形成的错误观念，直到进了坟墓还不放手。

相反，如果我们能了解这25种导致判断失误的心理倾向，并开始关注那些会导致错误判断与决策的心理反应，我们就会意识到可能的认知陷阱，从而避免掉入陷阱。

其实，除了误判心理学，行为经济学也帮我们总结了不少人们在不知不觉间做出的非理性行为与选择。在过去的传统经济学中，有一个非常重要的假设，即理性人假设。然而，随着行为经济学的出现与研究的深入，研究者发现，人其实不总是理性的，而且这种不理性行为还有着一定的规律。

比如，有这样一个实验：A.你一定能赚30000元；B.你有80%的可能赚 40000 元，20% 的可能什么也得不到。你会选择哪一个？实验结果是，大部分人都选择了 A。这就是著名的行为经济学家丹尼尔·卡尼曼提出的前景理论。

A. 在确定性的收益和赌一把之间，多数人会选择确定性收益。（确定效应）

B. 在确定性的损失和赌一把之间，多数人会选择赌一把。（反射效应）

C. 白捡 100 元的快乐，总是无法抵消丢失 100 元的痛苦。（损失规避）

D. 在"其他人一年挣 6 万，你一年收入 7 万"和"其他人一年挣 9 万、你年收入 8 万"的选择题中，多数人竟会选择前者。（参照依赖）

E. 很多人都买彩票，虽然可能赢钱，但基本上赢得很少，买彩票的钱 99.99% 的可能支持福利事业和体育事业了，可还是有人心存侥幸。（迷恋小概率事件）

事实上，不论是误判心理学，还是行为经济学，我们都能从中看到人类的心理、认知和情绪对行为决策的巨大影响。当理解了这些理论后，我们就会拥有抵抗非理智行为的智慧与力量，从而做出正确、明智的决策与判断。

大败局和小败局

著名财经作家吴晓波说：在任何一个商业社会中，成功永远是偶然和幸运的……对企业家来说，失败是职业生涯的一部分。所以，我们要去思考失败，也正是基于这样一种思路，吴晓波写了两本非常有名的书——《大败局》和《大败局Ⅱ》。在这两本书里，他探寻了一些企业失败的原因。

在创作《大败局》时，吴晓波肯定想不到这本专门讲企业失败的书，后来竟成了 MBA 教学的重要参考读物。这一切则源于吴晓波的逆向思考。因为他对商业和企业的逆向思考，我们才得以看到一个个真实鲜活的商业故事，看到究竟是什么导致了企业的失败，从而获得成功的启迪。

在《大败局》中，吴晓波写道："从动笔之初，我就想把这本书写成一本分析性的著作，我们必须尽量地弄清楚危机是如何发生、如何蔓延的，受难者是怎样陷入危机的。唯有这样，我们才有可能在未来的岁月中尽可能地避免第二次在同一个地方掉进灾难之河……"

那些失败的故事虽然都是别人的，但对于每一个正在创业的人来说，这些故事都有着十分重要的借鉴意义。当阅读这些真实的故事的时候，我们也在不断了解到底哪些是可能导致失败的因素，并不断提醒自己去规避这些风险。正如吴晓波所说：失败是后来者的养料。我们要运用这养料，思考自己的路，灌溉自己的事业。

后来，张潇雨在《得到》栏目中，开了一个名为"小败局"的系列，用来分析近几年失败的商业案例。在这个系列中，他一共分析了导致企业失败的五大原因。

失败原因一：产品没人要

"产品没人要"大概是最常见的失败原因了。既然一切商业的出发点都是消费者受益，那么如果你的产品没有人需要，你就等于失去了成就任何一种商业的基础。正如有句话所说：不管你是特别擅长融资，还是特别擅长销售，或者特别擅长编程等，如果你没法做一个人们想要的产品，你就一定会失败。

失败原因二：无法保持专注

YC公司合伙人杰西卡·利文斯顿说：在看了这么多公司之后，我发现对于初创公司来说最重要的品质就是专注，尤其是专注在产品和用户上。我可以轻易地列出很多"看起来像在努力工作，但实际上对早期公司没什么帮助的事情"，比如，和投资人喝咖啡、去各种场合社交、给公司找各种"顾问"、和一些公司进行"战略合作"等。

失败原因三：不量化你的增长

"现代管理学之父"彼得·德鲁克有句名言：如果你不能量化一件事，你就无法改进它。因为你没法改进你不能衡量的东西，所以你首先需要量化你的增长。

失败原因四：随意乱花钱

由于现在融资环境越来越成熟，所以乱花钱的公司也越来越多。在运营一个企业的时候，一定不能按照"一切都发展顺利的话会怎样"的情景来设置预算和自己的花销，因为这样的容错性太低，一旦发生什么意外——而且意外一般肯定会发生——那么自己就会面临很大的风险。

失败原因五：动机错误

YC公司合伙人杰西卡·利文斯顿说：我发现，非常成功的创业者和一般成功的创业者以及失败的创业者之间，往往有一个很大的区别，那就是他们的动机和动力来源往往不同。特别成功的创业者，往往也不排斥靠创业发财，或者希望自己看起来特别酷，但他们一定会有一些其他的动力，比如非常狂热地喜欢和信仰自己做的东西。

"事前验尸"法

"事前验尸"法是提前思考失败的可能与原因的方法，可用于对行动方案做出初步决策之后和采取行动之前。它要求参与其中的每个人假设所提议的行动方案已经实施却不幸失败。

"事前验尸"的会议通常是这样的：设想我们在一年后的今天已经实施了现有的计划，但结果惨败，请用5至10分钟写下这次惨败的原因。然后，仔细考虑每个人提出的失败的原因，再根据这些失败的原因调整行动方案。

这种方法的好处是：第一，决策方案快要拟定好时，很多团队成员会受到集体思考的影响，"事前验尸"法则可以遏制这种影响；第二，它能激发那些见多识广的人的想象力，并将他们的想法引导到最需要它们的地方。总之，这种方法能帮助我们避免由盲目乐观导致的悲惨结果。

比如，一支攀登珠穆朗玛峰的远征队可以在事前想象一下登顶失败的原因，他们发现，这些原因可能包括航班延误、海关问题、物品供应问题和消化疾病问题等。这就是"事前验尸"法。这时他们会意识到，失败的真正原因可能并不是山，而是许多小问题的相互作用。这时，他们就能拟订更好的解决方案：尽可能多地解决后勤问题。正如一家公司的宣传册上所说的——我们对攀登珠穆朗玛峰和世界其他高山时食用的食物及准备工作的关注，让我们的团队成员很少出现肠胃问题。

这种思考方法与《孙子兵法》的理论不谋而合。有人可能认为《孙子兵法》考虑的是如何才能赢得战争。但实际上，《孙子兵法》是以失败为前提来考虑问题的。在开始做一件事情时，《孙子兵法》会先假设如果这件事失败了怎么办，然后所有的思考、分析、判断、谋划、决策都围绕着如何避免失败、减少代价来展开——先让自己立于不败之地，再想办法获得成功。

"事前验尸"法与《孙子兵法》中的先思考失败再思考成功的策略都是典型的逆向思考。逆向思考法可被广泛运用于创业和企业的重大决策中，也可被运用在销售过程中和项目计划中。

当一名销售人员在为赢得项目做准备的时候，他不仅要思考关键的成功因素，并围绕这些因素做充分的准备，他还需要进行逆向思考：如果竞标失败，失败的原因可能是什么，其中哪些原因可能是最关键的。当我们用这种方式进行思考的时候，我们的思维就得到拓展，视野也由此打开。

在一次竞标准备的过程中，我先思考了关键的成功因素，并一一进行了落实。但不知为何，我却总感到不安，总觉得少了点什么。于是，我就静下心来，将所有可能导致竞标失败的原因都梳理了一遍。结果，我真的发现了一个重大疏漏。于是，我赶紧在竞标前两天把这个疏漏给补上了。最后的结果证明，幸好我提前意识到并补上了这一疏漏，不然那次竞标肯定会失败。

这就是逆向思考的好处——研究错从何来，以避免失败。

不为清单

段永平（曾创立小霸王、步步高两个知名品牌，后又做出 OPPO 和 vivo 两大品牌）在回顾自己创业经历的时候，提到了一个非常关键的词——不为清单。

在大多数情况下，我们会给自己设定一些应该如何做事的原则，这些原则会告诉我们"要做什么"。而段永平的"不为清单"则恰好相反，它也是一些原则，只不过这些原则是在告诉我们"不要做什么"。

他给 OPPO 和 vivo 拟定的不为清单包括：没有销售部，不单独和客户谈价钱，所有客户一个价格，这就节省了非常多的时间；不做代工，因为代工的产品没有太大的差异化；在资金方面，不进行任何有息贷款，这样公司"永远不会倒在资金链断裂上"。大多数企业垮掉的原因之一正是借了太多钱。

段永平给自己拟定的几个通用的"不为清单"是这样的：

A. 不要盲目地扩大自己的能力圈。人能做的事有限，你说什么、能说什么不重要，重要的是你做什么、能做什么。

B. 不要一年做 20 个决策。一年做 20 个决策肯定会出错，那不是价值投资。一辈子做 20 个投资决策就够了。

C. 不懂不做、不熟不投。不懂、不熟的事上不下重注，抓住你能抓住的机会。

D. 不要走捷径，不要相信弯道超车。弯道超车是不开车和不坐车的人说的，弯道超车总是会被反超的。

当我们思考做什么才正确时，我们常常会找不到方向。如果这时我们能进行逆向思考，就会发现，先排除那些不该做的事，也不失为一种好办法。"不为清单"就是这样一种工具，它能起到过滤错误选项的作用。

这就是逆向思考力的作用，它能在关键时刻充当我们的"过滤器"，将那些不正确、肯定错误或行不通的选项全部筛除，从而将我们推上正确的道路。正如沃伦·巴菲特所说，有了"过滤器"，我们能在 10 秒钟内对 90% 的东西说"不"。

成功－失败模型正是通过对错误和失败的思考，从而为成功打下坚实基础的逆向思考模型。

第二节

变化 - 不变模型
用能量守恒定律，刷新人生底层逻辑

　　古希腊哲学家赫拉克利特说，万物在流转；佛法说，诸行无常。这些说的都是同一个意思——天地间唯一不变的就是变。世界上永恒不变的就是所有事物都处在不断的变化之中。

　　同时，物理学的一个重要定律——能量守恒定律——告诉我们：能量既不会凭空产生，也不会凭空消失，它只会从一种形式转化为另一种形式，或者从一个物体转移到另一个物体，而能量的总量则会保持不变。

　　动能消失，也许是变成了势能；势能消失，也许是转化成了热能。能量的具体形式瞬息万变、难以捉摸，就像是不断流转的万物，总是在变，然而它的总量却不变，这就是变化 - 不变模型。

　　正向思维关注变化，思考的是如何才能跟上变化的脚步；逆向思维聚焦于不变，帮助我们在看到周围变化的同时，关注究竟什么才是隐藏在诸多变化背后那些不变的东西，即支配着万千变化背后的那双看不见的手是什么。

可以说，之前，我们琢磨更多的可能是，怎样才能跟上这个时代的变化，从互联网到移动互联网，从传统零售到新零售……现在，我们要思考的是：在这个世界上，究竟什么才是隐藏在诸多变化背后不变的东西？什么才是支配着万千变化的那双看不见的手？

追随前者会让我们疲惫不堪，迷失在不断变化的幻象中；而找到后者，则能让我们拥有一颗笃定的心，从而更为坚定，并拥有长期主义的心态。

接下来，我们从宏观、中观、微观三个层面来说说这个变化－不变模型。

宏观层面

什么是宏观层面上的变与不变呢？

1. 周期性变化

周期性变化告诉我们，这个世界上有很多周期性的确定性。比如，四季交替、昼夜更替、潮汐变化、动物迁徙、股票的价格，以及经济的周期变化等。

巴菲特的投资之所以无往而不利，原因之一就是他洞悉了周期性变化。他说，要在别人贪婪时恐惧，在别人恐惧时贪婪。

如果市场萎缩，我们可以知道什么？无非是市场以后一定会扩张；如果市场扩张迅速，我们又能知道什么？无非是市场会萎缩。因此，对于周期性的变化，其实我们每个人都能进行预测，只是无法预料出现的时间而已。

2008年股市崩盘时，大多数股民惊慌失措，纷纷抛售所持股票证券，聪明的投资人却悄悄买进受重挫的金融股。为什么？因为他们知道，这是一个必然会发生的周期性变化。当经济发展极快时，变缓就是必然；当经济寒冬出现时，春天也就不远了。当股市狂涨多日时，跌期定是不远；当股市低迷许久时，上涨则是必然。这就是不变的周期性变化，这些变化能给我们带来非常多的启示，比如，如何面对经济周期的波动，如何面对股市的大起大落，何时适合买入，何时适合卖出等。这背后隐藏着的，就是一双看不见的手——周期性变化。

2. 线性变化

线性变化是什么？线性变化说的是那些非周期性的、渐进的、不是循环往复的，只是往一个单一方向发展的变化。比如，年龄的增长、电脑运算速度的加快、知识的增长、专利和新发明的数目增长、科技进步等，都属于确定的线性变化。

达尔文的进化论也是一种非常重要的线性变化，它说的是向着单一方向的一种变化规律，那就是"物竞天择，适者生存"。

刚开始学习一样东西时，我们总是感觉收效甚微。但我们不必担心，因为它总是会朝单一方向变化的，那就是我们总会积少成多、越来越好。

当我们一直待在舒适区时，我们就会遇到"物竞天择，适者生存"的压力，因为它是一个必然会发生的变化。而这一切的背后，隐藏着的正是那双看不见的手——线性变化。

无论是周期性变化，还是线性变化，都有隐藏在万千变化背后的那个不变的规律。如果我们总在追随变化，就会忽略掉隐藏在诸多变化之下的这些不变的规律。

中观层面

中观层面说的是商业和企业的层面，那么从这个层面来看，又有哪些是不变的呢？

在商业这个层面，很多东西都在瞬息万变，但至少有两件事是永远不会改变的：第一，一切商业的起点永远都是消费者获利；第二，人性是不变的。鉴于这两件不会改变的事，我们会知道，理解用户、洞察人性正是商业行为的第一步。

针对一切商业的起点永远都是消费者获利这一点，我们需要去理解消费者的行为习惯和偏好。只有这样，我们才能知道如何让用户获益，以及如何影响他们。比如，消费者为什么需要商品？消费者的表面购买动机与潜在购买动机是什么？文化、历史、人口、社会阶层等如何影响消费者的购买决策？怎样维持或改变消费者的态度？

针对人性不变这一点，我们首先需要理解什么是人性。人性就是人所具有的正常的感情，如贪婪、嫉妒、执着、恐惧等，简单地说，就是贪、嗔、痴。

由于人性中的贪、嗔、痴，我们会有各种各样的想法和念头，比如，担心自己比不上其他人，担心自己的才能无法匹配上自己的年龄，想要拥有跟同事一样大的房子，想要成为同学中最美的那个……

当你理解了人性中亘古不变的东西，如人性的优点与弱点、痛点和爽点，以及为何会有乌合之众的说法时，就会知道自己可以做怎样的产品、提供怎样的服务，以及如何定位、如何推广等。

"微信之父"张小龙说，我们要去了解人们的欲望，通过我们的产品去满足他们。我们要满足他们的贪、嗔、痴。我们要洞察这一点，这是因为我们的产品要对用户产生黏性，就是让用户对我们的产品产生贪、产生嗔、产生痴……当我们在做一个产品的时候，我们是在研究人性，而不是在研究一个产品的逻辑。

我们得站在用户的角度思考问题，站在人性的角度考虑一切，而不能迷恋于创造各种自己觉得很棒却没有商业价值的产品。

那么对于企业来说，不变的又是什么呢？《基业长青》的作者柯林斯说，任何一个企业都有两面，"阴"的一面和"阳"的一面，"阴"是不变的东西，"阳"是变化的东西。

在零售行业，阿里投资或合作了联华、百联、大润发、银泰和三江购物，腾讯则选择了沃尔玛、永辉和家乐福。很多传统零售行业的从业者都发出了"被时代抛弃"的感慨。同时，盒马鲜生、天猫小店等又涌现出来。整个零售行业让我们看到了非常大的变化。但其实，有一点是一直都不曾改变的，那就是所有消费者都希望买到的产品更便宜、品质更好、选择更多、送货更快。所以，不论是线上电商，还是线下零售，这个核心都是不变的。

在媒体行业，虽然现在的传统媒体已经式微，但有一点却是不变的，那就是消费者对好内容的需求——消费者永远希望媒体提供的内容更全面、更有趣，更深入透彻、更通俗易懂，同时内容的传递速度更快。所以，不论是传统媒体，还是新媒体，这个核心都不曾改变。

互联网行业也一直在日新月异地飞速发展，从互联网到移动互联网，从博客到微博再到微信。可有什么是不变的吗？至少有一样不变，那就是人们对互联网的核心需求不会变——人们希望通过互联网能够高效便捷地实现现实生活中所需要的一切。比如，通过互联网满足阅读、社交、娱乐、学习、消费、理财需求，以及通过互联网处理生活中的各种事务。

这就是三个行业中的变与不变。那么对于企业而言，就是要把握住其所在行业或整个商业的不变，将它做到最好，以不变应万变。

一家基于移动互联网的鲜花速递公司花点时间就是这样做的，它找到了"三新一不变"的规则。它具体是怎样做的呢？"三新"说的是那些不断变化的东西，包括新需求、新价值、新产品。新需求是说，花点时间考虑除了过节时需要鲜花，人们在日常生活中的哪些节点还会用到鲜花，有没有可能创造新的需求；新价值是说，如何让鲜花的购买变得更便捷、让收到鲜花的人更惊喜；新产品是从场景、内容等方面重新定义鲜花这个产品。总之，花点时间不断去尝试、创造这些新的东西。

更重要的是，它的那个不变——供应链的效率和能力是始终不变的，是实现一切的基础。

对于我来说，在辞职时，我就给自己定了一个创业原则，那就是始终围绕以下不变的原则进行——让用户（如读者、听众）受益。具体的内容、方向、形式则是可以变化的。所以，不论是写自媒体文章、写书，还是做一对一教练、做线上课程、做线下培训，我始终秉承着让用户受益这个原则。

不论写的是关于思维跃迁的，还是关于自我认知的，每次写作的时候，我都在思考着同样的问题：这篇文章能让读者获得真正有价值的东西吗？如何用这个原理或方法帮读者解决问题？如何让读者不仅能理解原理，还能掌握实践方法？

因为始终遵循着这个原则，从做自媒体到现在，我的读者关注量增长得很快，很多读者也跟我说，他们从文章中收获了很多，也有了很多真实的改变。这一切则让我再次意识到，让用户受益这个不变的核心原则的真正价值与意义。

相反，如果没有找到这个核心的不变的原则，我肯定会陷入焦虑之中。就像前京东金融集团（现京东数字科技）CEO 陈生强所说：我天天在那儿看变的东西，却没找到不变的东西。一旦没找着不变的东西，特别是未来三到五年不变的东西，我的内心是不可能安静的。所以我的做法，实际上是去找未来三到五年到底什么不会变，然后拿不会变的东西去应对不断在变的东西。

微观层面

如果从微观层面，也就是从个人层面来看，有什么是不变的呢？无论一个人多么特立独行，他都需要爱，这一点是绝对不会变的；无论一个人多么了不起，如果他做的事情只对自己有利，而不能帮到更多人，他都是无法成功的，这一点也是不会改变的；无论一个人有多么高的志向、多么好的愿景，如果他从未为此付出相应的努力，他都无法实现自己的志向与愿景，这一点也是无论如何改变不了的。这些都是微观层面上不会改变的东西。

那么，如果我们只谈个人成长与个人能力的增长，又有什么东西是不变的呢？这就是你的可迁移能力。这里说的可迁移能力，是指那些从一个岗位转到另一个岗位、从一个行业跨到另一个行业，或者从打工者变成创业者、自由职业者或是全职妈妈后，那些依然能被不断重复使用以及无障碍迁移的能力。

可见，可迁移能力是一种非常基础的能力，是一种无论你处于何种行业，在做哪种工作，你都会需要和用到的基础能力。

那么，哪些能力属于可迁移能力呢？可迁移能力可分为底层的可迁移能力（思考能力）、中间层的可迁移能力（各种其他能力）和上层的可迁移能力（技能）。

底层的可迁移能力，即思考能力，包括本质思考力、升维思考力、结构化思考力、系统思考力、批判性思维、迁移思考力、逆向思考力、元认知能力等。这些能力之所以是底层的可迁移能力，是因为它们就像是政府一直在做的基础设施，如果没了这些基础设施，无论你开的是玛莎拉蒂还是兰博基尼，你都只能在坑坑洼洼、颠簸起伏的路上慢慢开，根本不可能开快。同时，这些能力是可被广泛迁移的，不论你做的是什么，你都需要有一定的思考能力。即使你做的是一份体力活，如果你在做体力活的时候动了很多脑筋，思考了很多提升效率、改善结果的方法，那么你做得也会比其他人好。

中间层的可迁移能力，即各种其他能力，包括学习能力、沟通能力、谈判能力、领导力、表达力、项目管理能力等。这些能力都很重要，但为什么会被放到中间层呢？这是因为这些能力的提升都有赖于底层思考能力的提升。比如，你要提升学习能力，如果你有本质思考力，你就能很快洞察所学科目的根本属性，理解它最根本性的底层逻辑，从而做到事半功倍。你想提升沟通能力，如果你有结构化思考力，那么你的沟通逻辑就会很好，你的表达也就更有可能清晰有力。

上层的可迁移能力，即技能，包括写作技能、英语听说读写技能、数据分析技能、操作 Office 的技能等。

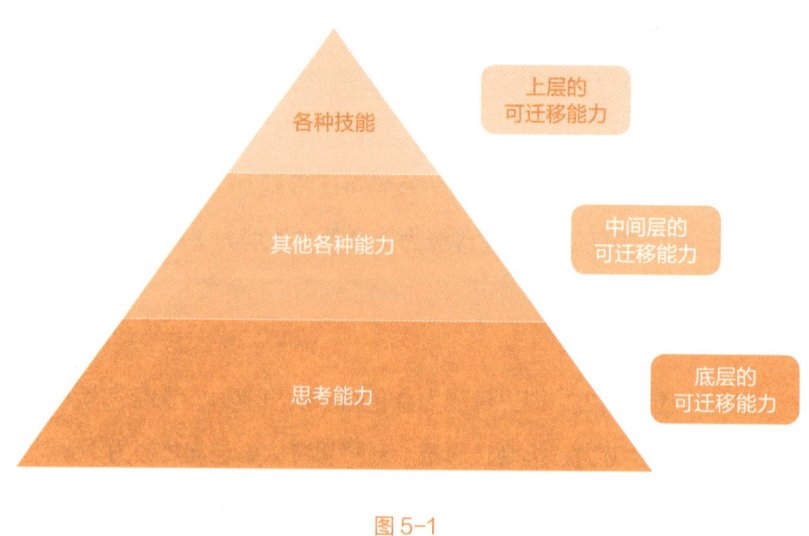

图 5-1
可迁移能力模型

从上图中我们可以看到，越是底层的可迁移能力就越通用，也越基础；越是上层的可迁移能力就越个别，使用范围也越小。

比如，对于一个家庭主妇来说，她可能并不需要在职场中练就的写PPT的技能、操作Office的技能，但如果她想将自己的孩子教育好，将家庭打理好，她就需要底层的思考能力，以及中间层的沟通能力、学习能力、谈判能力、领导力和表达力等。

所以，如果你能将这些可迁移能力培养起来，尤其是夯实你的思考能力，那你就等于拥有了那些真正不变的东西，也就拥有了足够多和足够广泛的职业选择。相反，即使你现在身处高位，或是捧着一个所谓的铁饭碗，如果你的可迁移能力严重缺失，那你也得当心了。现在这个世界变化很快，短短一个月就可能沧海桑田，变化往往就在下一秒。

当然，也许你会说：不怕，我还有人脉。可惜，所谓的人脉往往脆弱得很。当你离开平台时，这些人脉可能就会随之消散；如果你本身拥有很强的可迁移能力，那么，你就可以在需要的时候重新发展出新的人脉。

可迁移能力就是个人成长中的一个最重要的不变。一个人只有不断提升自己的可迁移能力，尤其是提升底层的可迁移能力——思考力，才能真正做到以不变应万变。

这就是逆向思考的第二课——变化－不变模型。

第三节

加法－减法模型
再极致的人生算法，都得包含减法战略

我时常感到时间不够用——没时间写书，没时间写文章，没时间运动，没时间见朋友，没时间做家务。与此同时，我还在不停地做着加法：有人在我忙着写这本书的时候找我讲课，我就答应了对方；还有一段时间，出版社找我写第二本书，我也答应对方，然后开始写提纲了。

自己明明很忙，却还想做更多的事情，这究竟是为什么？后来我意识到，这与我们一直以来的思维定式及习惯有关。在从小到大的成长环境中，我们一直以来接受的教育，都是要争取和追求更多的东西，而非更少。所以，每当需要舍弃的时候，我们都会感到非常难受。明明还没有获得，但那种像是失去自己早已拥有的一切的感觉，真是让人无法接受。

然而，事实真是这样吗？其实，当我们一直在给人生做加法的时候，我们往往会忽略最关键的东西。我们还可能迷失在外部世界中，从而失去与内在自我的深度连接。

我们应该怎么办？这时，我们可以用加法－减法模型，面对同一个目标，正向思维聚焦于加法，逆向思维关注减法战略。这个思维模型可以让我们在看到增加是一种选择的同时，关注到减法战略的巨大力量，并用减法战略实现增长与改变。

用减法做目标管理

猎豹 CEO 傅盛在《认知三部曲》中写道：

记得有段时间，我非常忙，各种会议满天飞，效率很低。我当时就想，难道当年乔布斯会比我更忙吗？归根到底还是我的管理方法不对。于是我不停地追问自己，如果现在让工作时间少一半，我能不能做得更好？当我的脑海里不断地浮现这个问题时，我突然意识到——我忙的根源其实就在于自己认为太多事情都很重要。怎么让管理变得更有效率？本质是减少真正所谓管理的量，增加判断的量。增加帮团队在关键点做决定和梳理目标的量。核心是转换思维，培养做判断的能力，而不是勤勉工作的能力。勤勉工作只是基础。假设一下，如果只花一半时间，我们能不能把事情做得更好？顺着这个方向想，我们就需要给很多事情不断划分优先级。

如果用正向思考，我们会怎么想？我们肯定会这样想：怎样才能增加我的时间呀？我是不是可以每天少睡点觉？比如早晨 5 点就起床？我每天的健身时间是不是能缩短一点？

但实际情况却是这样的：在我们增加了工作时间后，没过多久，我们就会发现，新增的时间很快又被新的工作填满。为什么？这是因为工作是会自我膨胀的。

相反，傅盛的这种方法却非常有效。这是因为，当我们开始做减法，而不是做加法的时候，那些真正重要的东西才会浮出水面，我们才能真正看到事物的优先级。因此，如果顺着这种思路继续下去，我们就会发现，也许我们能够砍掉 90% 可以做但不应该做的事情。

《最重要的事只有一件》的作者加里·凯勒也用他的亲身经历告诉我们，他是如何通过做减法获得事业成功的。

在创业的第一阶段，加里·凯勒用 10 年时间创办了一家非常优秀的公司。他做得非常顺利，信心满满，觉得公司很快就会把业务拓展到全世界的各个国家。然而，就在这时，公司突然全面陷入困境，尽管他做了各种各样的努力与尝试，可公司的业务还是一团糟，没有任何起色。

就在他一筹莫展的时候，他的老师出现了。老师问加里·凯勒："你觉得如果要扭转现状，你需要做些什么？"加里·凯勒困惑地摇了摇头。老师在墙上写下了 14 个关键职位，说："你只需要做一件事就能扭转整个公司的尴尬处境，那就是把我标记出来的 14 个关键职位指派给真正能够胜任的人。只要你选对了这 14 个关键职位的人，整个公司就能朝着好的方向发展。"

加里·凯勒非常惊讶，他不相信困扰他这么久的问题的解决方案竟会如此简单——只是找到这 14 个人。于是他问老师，这个解决方案是不是应该再稍微复杂一点，多做几件事来扭亏为盈会不会比较保险。老师简短有力地回答说："不需要。耶稣只需要 12 个门徒，而你只需要 14 个关键职位上的人。"

就这样，加里·凯勒做出了一个非常重大的决定，他先把自己解雇了，从公司 CEO 的位置上退了下来。然后，他开始专心地去找那 14 个关键职位的人。结果，不到 3 年的时间，这 14 个人就让公司实现了持续盈利，而且利润连续 10 年以 40% 的速度增长，从一个地区性的公司迅速成长为一家全国性的公司。

谁知，这时新的问题又出现了。这 14 个人虽然能完成他们承诺的大部分工作，但有时最重要的工作反而没能完成，从而导致整体工作陷入困境。于是，加里·凯勒决定简化他们的工作，从"本周需要做的几项工作"到"本周最重要的三项工作"，再到"本周最重要的两项工作"，但还是不能达到预期效果。最后，他决定试试"只做一件事"这个办法。他问他们："你本周最重要的一项工作是什么？哪一项工作一旦完成，就能让其他工作变得简单或者不太重要？"这个办法是他在绝望中想到的，却再一次给他带来了惊喜。结果是，这 14 个关键人物的业绩直线上升。

有了这两次陷入困境的经历，加里·凯勒因此意识到一个非常有趣的现象：每次公司获得巨大成功的时候，都是他专注于做一件事的时候。于是，加里·凯勒想到了这样的问题：每个人每天都有 24 个小时，为什么有的人成功了，有的人失败了？那些成功的人为什么能够完成更多的事，达到更高的目标，赚到更多的钱，拥有更多的东西？如果我们把时间看成一个人事业的原始资本，那么，每个人的原始资本都是每天 24 个小时。

成功的人是怎么分配他们的原始资本，并得到远远超过别人的收益的？加里·凯勒认为，答案就是：成功人士的所有行为和精力都紧紧围绕着他们的目标来进行，他们之所以能够成功，是因为他们放弃了很多可以做但不是必须做的事情，从而专注于最重要的事情。

事实上，无论是工作还是生活，要想取得最好的效果，就要尽量缩小目标，不断在目标管理中进行权衡、筛选，不断思考，直到找到那件最重要的事。

然而，这个方法却跟大多数人的信念背道而驰。他们认为，要想做成大事，就要马不停蹄地把计划安排得很满，最后带来的结果就是：日程紧张，压力巨大，但成功却离他们越来越远。

这是因为，不管你的精力多么充沛，你的睡眠时间多么短，你也无法改变每天只有 24 个小时这一事实，你更无法改变一个人寿命有限的事实。所以，不断增加工作目标，往往只会带来一个结果，那就是更低的效率。

最重要的事只有一件，但到底是哪一件呢？这时，你需要问自己一个非常关键的问题：我能做的最重要的一件事是什么？为什么做了这件事，就能让其他事变得更简单，或者不必再做？

加里·凯勒给出了一个非常实用的建议，那就是倒推法。首先考虑长期目标，然后一步步往回想，倒推出现在应该做的最重要的一件事究竟是什么。现在，我们来想一想：

● 为了实现长期目标，我未来 5 年应该做的最重要的一件事是什么？

● 为了实现未来 5 年的目标，我今年应该做的最重要的一件事是什么？

● 为了实现今年的目标，我这个月应该做的最重要的一件事是什么？

- 为了实现这个月的目标，我这周应该做的最重要的一件事是什么？

- 为了实现这周的目标，我今天应该做的最重要的一件事是什么？

- 为了实现今天的目标，我现在应该做的最重要的一件事是什么？

这就是目标管理的减法战略。

用减法做商业战略

1996年，乔布斯重回苹果公司的时候，苹果公司账上的现金仅够公司运转两个月的，公司正处于危急存亡之秋。

苹果公司拥有非常多的产品线，这些产品早就失去了以往的魅力。在1995年的时候，苹果公司就已推出了54款电脑。在硬件方面，除了电脑，苹果公司还推出了一些自己并不擅长的产品，比如打印机、显示器乃至3D图形卡等。最不可思议的是，苹果公司还涉足了游戏产品。在1996年的时候，苹果公司和日本万代公司合作生产了一款多媒体游戏机，结果惨遭失败，这款游戏机在全世界范围内仅卖出了4.2万台。而在软件方面，苹果公司的项目更是种类繁多，数不胜数。

这时，乔布斯开始思考苹果公司真正要做的产品究竟是什么。在一次大型的产品战略会议上，乔布斯大笔一挥，在白板上画了一横一竖两条直线，作出了一个简单的方形四格表。在行的上方分别写上"台式机"和"便携机"，在列的两侧分别写上"消费级"和"专业级"。这样两两组合就是四个产品。

然后，乔布斯告诉大家，苹果公司现在要做的就是这四个伟大的产品。顿时，整个会议室鸦雀无声，大家都被乔布斯这个大胆而充满创意的"四格战略"震撼了。当乔布斯把这个想法告诉董事会时，董事会现场同样鸦雀无声。起初，他们对这个战略计划并不认同，因为苹果公司的竞争对手正在不断推出越来越多的产品，挤压苹果公司的市场空间。如果苹果公司大幅削减项目，岂非自废武功？这样没有把握的事情在董事会眼里简直就是冒险，他们苦口婆心地劝说乔布斯，希望他能改变主意。但乔布斯没有改变主意，他坚信自己的判断。

于是，凡是与这四个领域无关的业务都遭到了无情的淘汰。不管它们看起来多么迷人，有多少人强烈反对，乔布斯都无情地否决了。

事实证明，乔布斯通过实施"四格战略"大幅削减不相关的项目的做法是卓有成效的。一方面，乔布斯通过裁撤项目，扭转了公司的财务状况；另一方面，乔布斯集中精力开发四种产品，使得苹果公司的产品线从混乱回归清晰，苹果公司的工程师和管理人员都知道了自己的奋斗方向，研发出了非常优秀的产品。在随后的几年，苹果的工程师和管理人员按照乔布斯的理念，遵循乔布斯画出的"四格战略"，最终推出了极其优异的产品，让苹果公司起死回生。

同时，乔布斯在其他领域也做了减法战略。在组织体系上，他大刀阔斧地改造了供应链，将苹果公司由重资产运营转向轻资产运营；他关闭了美国的工厂，将制造业务转移到了海外，降低了管理成本并提高了资金运转效率；乔布斯还通过建立官网，开辟了网络直销渠道，将经销商删减至只剩一个全国性经销商，大幅度降低了库存风险，增加了公司的现金流。从此，苹果公司开始崛起。

同样，美的集团也经历过类似的过程。从 1993 年到 2009 年，美的集团一直在高速扩张。在这一时期，它采取的是相对独立的事业部发展模式，各事业部可以决定投入什么项目以及生产什么。2010 年，美的集团销售收入突破 1000 亿元，但美的进行投资收益盘点后却发现，在这种四面出击的机会型市场扩张模式下，美的的净利润却比不上同行只做单一产品的净利润。

2012 年，方洪波出任美的集团董事长，他开始运用减法战略。他要求各事业部对旗下的业务进行重新梳理，做出取舍，通过设置各种打分维度，比如投资收益率、市场占有率等，对各项业务考核打分并进行排名，剔除因缺乏核心竞争力而长期亏损，以及规模过小、利润微薄的业务项目和经营品类。精减产品线后，美的集团的产品从 2011 年时的 22000 多个减少到 2000 多个，并将以前产能过剩时扩大的厂房和工业园全部关掉了。

这种减法战略的本质就是让公司聚焦于竞争力最强的产品上，垂直深潜下去，把客户价值做透。在这个战略实施 4 年后，美的集团在 2016 年成功进入世界 500 强。

很多时候，我们都以为只有做加法才能帮助我们完成企业快速增长的目标，其实不然，以聚焦为目的的减法战略，反而更有可能让我们实现目标。

以上就是商业领域的减法战略。

用减法做生活和人生管理

很多年以来，我们追求的目标都是更多——更多的时间、更多的物质、更多的人脉、更多的衣服、更多的房子、更多的资产……这是因为，在我们的头脑中，多就代表着好，越多就代表着越富足、越安全、越幸福。

然而，很有趣的是，随着我们拥有的物质越来越多，我们发现，拥有更多未必会让我们感觉更富足、更安全、更幸福；相反，拥有更多在很多时候意味着选择过多、注意力耗散、身心俱疲，甚至不满足和不幸福。

这时，继续增加已是无益，减法才是我们真正要做的。"断舍离"就是这样一种方法。这个方法最初是从日本开始流行的。"断"的意思是断绝想买回家但实际并不需要的东西，"舍"是指舍弃家里那些多余的物品，而"离"则是指脱离对物品的执念，拥有游刃有余的自在空间。

借着对物品的"断舍离"，我们能够将身边所有"不需要、不适合、不舒服"的东西都替换为"需要、适合、舒服"的东西，从而改变居住环境，改善生活面貌。更重要的是，"断舍离"的过程能让我们更加深入地了解自己——了解自己的价值观，了解自己内心的混沌、不安、恐惧或渴望，从而达到从外在到内在的焕然一新。

因此，"断舍离"的主角不是物品，而是自己。它的核心是：思考物品和自己的关系，"断舍离"是要我们扪心自问，进而对物品进行取舍和选择，只留下那些必需的，也确实在用的东西。

在山下英子的《断舍离》这本书中，我们可以看到一些非常真实且有趣的故事。

和惠小姐在收拾厨房的时候，把那些非必需的不锈钢餐具全部清理掉了，但不知为什么，她怎么都舍不得扔掉那些便利店饭盒上附赠的塑料勺。不仅是塑料勺，就连早就过时且肯定不会再穿的廉价裙子，她也舍不得扔掉。在进行断舍离的过程中，她终于意识到，自己似乎很畏惧那些高价、高品质的物品，她反而会觉得用便宜的东西就刚刚好。于是她意识到自己有自我贬低的习惯。

洋子小姐是位三十多岁的单身女性，原本就擅长整理，听了"断舍离"的讲座后她更加干劲十足，扔了许多不需要的东西，包括不少社科类的书。但是，一箱装满言情小说的书，她始终无法扔掉，书中所写的内容都是没有结果的恋情。此时，她突然发现，这些书就是自己过去恋爱经历的写照。她总是和那些绝对不会有结果的人谈恋爱。在她的潜意识中，似乎栖息着一个拒绝婚姻的自己。于是，她当机立断，将这一箱子的书扔掉，自己也慢慢试着不再排斥婚姻。

非常有趣吧？我们以为"断舍离"仅仅指向物品，但实际上，它还指向我们的内心。它可以让我们意识到一些以前从未留意过的习惯和倾向，可以让我们更加了解自己，从而实现由内而外的改变。

除了"断舍离"，美国也有极简主义的风潮。

贝克尔是一位美国的"高富帅"，拿 6 位数的薪水，掌管 150 家店铺。他 22 岁就买了豪宅名车，有一个美丽的妻子。他想买什么就买什么，毫无克制。但他却发现，自己的生活并不幸福。有一天，他决定舍弃昂贵的衣服和其他多余的物品。最后，他家里 90% 的物品都被清理掉了，只剩下 288 件生活必需品。重新审视生活后，他看清了自己想要什么，不想要什么，喜欢什么，不喜欢什么。小时候，他想当一名作家，却一直没时间拿起笔。现在他终于开始行动，两年后，他真的成了一名畅销书作家。他说，丢掉生活中不重要的 90% 的物品，剩下的 10% 会让我们收获更多，而我也第一次真正感觉到了富有。

为什么当我们丢弃生活中的很大一部分物品时，反而收获更多？这是因为，当我们在物品上做减法时，我们更容易看清自己真正想要的究竟是什么。不论是"断舍离"还是极简主义，都是通过清理物质世界，达到清理内心世界的作用。它们都能让我们在这个过程中，向内觉知，意识到对自己来说最重要的东西，以及自己真正需要的东西，这样我们就不会迷失在纷繁复杂的物质世界和无穷无尽的欲望中。

对我而言，"断舍离"也成了我向内觉知的一种方法。在这个过程中，我意识到了一些以前从未发现过的东西。

● 我意识到，我对美好的事物有一种占有欲。但事实上，这个世界上很多美好的事物是无须占有的。相反，你可以到大自然中去欣赏它们，站在橱窗边去欣赏它们，去博物馆里欣赏它们。为什么一定要将它们据为己有呢？不一定要将它们陈列在自己的桌头，才算真的完满。

● 我意识到，我以前真的买了太多的衣服，其中有很多只穿过一两次。它们占据了家里很大的空间，却没有产生任何意义。

● 我意识到，当我喜欢一样东西时，我会非常着迷，想要将这类东西都收集一遍。但这样做真的好吗？为了收集这些东西，我需要更大的房子，为了有更大的房子，我就要赚更多的钱。但我真的要将自己的时间、精力投入到这里面吗？还是说，其实我有更好的选择？

在意识到这些以后，我发现，我对自己有了更清醒的认识，我做出了很多改变。我做了一个决定，那就是一年内不买衣服、鞋和包。最终，我没能做到100%的不买，但我买得非常少。一整年的时间里，我都没有买过鞋和包，只买了几件衣服。

在"断舍离"的同时，我也意识到了自己的真正热情所在。在一年的时间里，我投入在学习、买书和培训上的费用就达到十几万元。

给生活做减法，并不意味着要减掉人生中所有的一切。相反，我们要通过做减法这个过程，意识到自己的行为方式与思维模式，重新建立与内在自我的深度沟通，重新梳理人生与事业的优先级，从而达到人生的最佳状态。这就是可以广泛运用于生活和人生的加法－减法模型。

第四节

幸福 – 痛苦模型
一点痛苦，就抵消掉了生活中的所有快乐

读大学时，我就开始思考什么是幸福，以及如何才能获得幸福这些问题。这么多年来，我也看了不少关于幸福的理论和思想，发现大家的思考角度各不相同。但大多数的观点都是，我们首先要定义什么是幸福，然后才能知道如何获得幸福。然而，有一种观点却例外，在这些关于幸福的理论与思想中显得鹤立鸡群、独树一帜，那就是"只有规避痛苦，才能获得幸福"。

同样是想获得幸福，正向思维关注的是如何获得幸福，逆向思维则聚焦于如何规避痛苦。这个幸福 – 痛苦模型就是让我们在想办法获取幸福的同时，关注痛苦对人生的影响，以及如何用规避痛苦的方法来获得幸福。

哲学家叔本华就持有这种观点，他说：所有的快乐，其本质都是否定的；而痛苦的本质却是肯定的。这是因为人们是受意欲驱使的，而意欲的满足总是否定的。

我们该如何理解这段话？这段话的意思是：假如你的身体健康无恙，但有一个地方受伤或疼痛，你的注意力就会始终集中在那个受伤或疼痛之处。于是，你生活的总体舒适感会因为这一处伤痛而烟消云散。同样，尽管各种各样的事情都在按照你的想法进行和发展，但只要有一件事违背了你的意愿——也许只是一件微不足道的小事——这件事情就会占据你的头脑。然后，你就会一直惦记着这件事，而不会想到其他更重要的、已经如你所愿发生了的事。

因此，在叔本华看来，人生的智慧不是追求快乐，而是规避痛苦。由此，关于如何获得幸福，他也为我们提供了非常中肯的建议，那就是：

● 要节制欲望，从而规避痛苦。你应该把对快乐、财产、地位、荣誉等的期望调至一个节制、适宜的尺度。

● 你不该对任何事情、任何处境抱有巨大期待；你也不要热烈地追求尘世中的一切，不要强烈地抱怨你的计划落空或事业的功败垂成。

叔本华说，只有这样，痛苦才能得到最大程度的规避，对痛苦的规避就意味着人生的幸福。

除了叔本华，还有一个非常善于运用逆向思维去思考幸福的人，那就是查理·芒格。

查理·芒格在哈佛学校毕业典礼上做过一次非常精彩的演讲，它的内容出人意料，在这次著名的演讲中，他从反面阐述了六种可以获得痛苦的方法。前三种来自强尼·卡森的一篇演讲文章《怎样得到痛苦》，而后三种则来自查理·芒格对人生的思考。

这六种获得痛苦的方法分别是：（1）摄取化学品来改变心情和感受；（2）嫉妒；（3）怨恨；（4）别做可靠的人，别忠贞不渝地做你所热爱的事；（5）只从自己的亲身经历来学习，尽量别从其他人失败的经历中吸取教训，不管他们是古人还是今人；（6）在生命的激流中，遭遇到第一个、第二个或第三个重大挫折时，就此沉沦下去，永不振作。

在讲第一个获得痛苦的方法时，芒格举了自己的一个例子。在年轻的时候，查理·芒格曾有四个很要好的朋友，他们头脑灵活、彬彬有礼、幽默风趣，自身条件和家庭背景都很好。但其中的两个已经永远地走了，罪魁祸首正是酒精。第三个人虽然还活着，却也是个酒鬼。所以，酗酒是获得痛苦的第一个妙招。

第二个获得痛苦的方法是嫉妒。嫉妒似乎是人之常情，但它的确会让人变得痛苦。相反，如果我们能将注意力放在如何让自己获得成长、变得更好上，我们的人生就会由此开始变得不同。只有超越嫉妒，才能收获幸福。所以，嫉妒是获得痛苦的第二个方法。

第三个获得痛苦的方法是怨恨。你怨恨别人，只能说明你对过往无法释怀。无法释怀的怨恨不但会占据你的心灵空间，还会让你无法开始创造新的生活。那些怨恨就像是一根强韧的绳索紧紧地绑着你，让你难以动弹、看不到身边的美与未来的好。于是，你原本可以闪亮的生命，就在怨恨中暗淡无光。其实你还是有选择的，你可以选择用善良、美和爱去填满你的心，也可以选择用怨恨去充满它。这两者之间的区别在于，前者会让你过得更美好，而后者只会让你过得不快乐。查理·芒格就领略过怨恨的作用，他说：若你渴望痛苦，我推荐给你们一试。

第四个获得痛苦的方法是，别做可靠的人，别忠贞不渝地做你所热爱的事。如果不遵循这一建议，即使以痛苦开局，也不一定以痛苦结尾。关于这一点，查理·芒格讲过一个故事。在大学时，查理·芒格有个室友，说话磕磕绊绊的，但却可能是查理·芒格所碰到过的最讲信用的人。正是因为他的这位室友讲信用，非常可靠，所以现在他的这位室友过着令人羡慕的生活，妻子贤惠，儿女可爱，是一家大型企业的老板，身家几十亿。

第五个获得痛苦的方法是，对于别人的经验，能不借鉴就不借鉴，能不学习就不学习。有一个人，他孜孜不倦地学习先人的伟大作品，虽然在事业之初并不顺利，同时恰逢解析几何学发展的艰难时刻，然而，最终他的成就举世瞩目。他说："如果说我看得比别人更远些，那是因为我站在巨人的肩膀上。"他就是牛顿。牛顿的成功与他"站在巨人的肩膀上"息息相关。相反，如果他保持的态度是能不借鉴就不借鉴，能不学习就不学习，那么他不可能取得如此伟大的成就。

第六个获得痛苦的方法是面对重大挫折一蹶不振。一个人遭遇重大挫折时的应对方式，最能反映出一个人的心理韧性。生命本无常，挫折和痛苦本就是生命的一部分，如果不能理解这一点，一个人就很容易陷入重大挫折所带来的痛苦之中而无法自拔。相反，一个人如果能用接纳之心，甚至是转化之心，将挫折视为生命的一部分，或是视为生命带来的礼物，那么他的心态和想法自然就会改变，一切也会随之发生变化。褚时健51岁时才开始担任玉溪卷烟厂厂长，然后，他就将这个快要倒闭的烟厂带到了全国第一的位置，并成立了云南红塔山集团。67岁时，褚时健被检举；71岁时他被判无期徒刑；74岁时因糖尿病被保外就医的他也没有停下自己的脚步，他与妻子在哀牢山种起了橙子；85岁，褚时健成为拥有35万株冰糖橙的亿万富翁，"褚橙"创造了新的传奇。

如果想拥有幸福的人生，过上自己想过的生活，我们就要思考两件事：第一，如何避免查理·芒格列举的六种痛苦。第二，每年为自己设定一个下一年如何获得痛苦的指南，然后彻底避开它们。

按照这个思路，我给自己列了一份如何获得痛苦的指南。

健康

1. 一边快走，一边思考或是心神不宁，这样有助于崴脚。

2. 任由自己的欲望或情绪左右自己，吃各种甜品以及油炸食品等含高热量的食物，这样就能成功长肉，变得越来越胖。

3. 在晚上睡觉前尽量持续思考，保持头脑兴奋，这样有助于失眠。

4. 别坚持每天的正念练习，想练就练，不想练就不练，这样有助于头脑和心绪的混乱。

5. 工作时尽量一直坐在那儿，千万不要起来活动身体，因为实在浪费时间。

6. 在忙起来的时候，为了更加高效，一整天都不要运动，连局部运动都不要做。

7. 任由自己因为懒惰、无知或情绪反应，而做出损害身体或心灵健康的事。

8.在没睡好的时候，就任由自己难过、低落，无须放松地跟自己说"没关系"。

心态

1.抱持封闭心态，千万不要用开放的、欣赏的、双赢的心态看待一切人与事。

2.在遇到困难和挫折的时候，不要对未来和自己抱有信心。

3.遇到挫折就陷入自我怀疑。

4.沉溺在过去自己没有做好、没有做对的事情中，永远要求自己尽善尽美。

5.在自我变得很强大的时刻，任凭其作威作福，不去觉知，也不做任何干涉。

6.要十分在意别人的眼光与评判，不要在意自己的目标与愿景。

7.遇到问题时，去批评自己、指责自己，不要带着爱和包容去接纳和觉知自己。

工作

1.在产品还没真正打磨好的时候，就急着推出。

2. 在文章还没彻底想清楚、还没打磨到非常满意（9分）的时候，就推送出去。

3. 在书稿没有思考到彻底清晰、没有打磨到非常满意（9分）的时候，就将它交给出版单位出版。

4. 不要提前思考写作的内容，提前一周动笔就行。

5. 以极快的速度扩大自己的能力圈。

6. 去接手能够快速盈利而不是自己真心热爱的某类工作，因为赚钱很重要。

7. 忘掉自己"舍末逐本"的原则。

8. 不要聚焦于今年最重要的三件事。

9. 因为别人的成功，忘掉自己的节奏和计划。

10. 如果出现了快速成长、高速扩张的情况，就立即将自己的初心和原则全部抛在脑后。

财务

1. 抱着投机的心态进行投资。

2. 用想当然的心态进行投资。

3. 以高回报率作为投资的唯一标准，不考虑安全性和流动性。

4. 不做成长方面的投资，那些贵的课程千万不要去上，不划算，不如用同样的钱给自己买件衣服或买包。

5. 买东西前不要三思，想买就买，哪怕放在家里连一次都不会用。

6. 凡是喜欢的东西就一定要拥有。

7. 千万不要断舍离。

当列出了如何获得痛苦的指南后，我很快就发现了之前计划中的不足与漏洞。感谢查理·芒格教会我的方法，我会将如何获得痛苦的指南打印出来，贴在家里，每天看着，常常提醒自己。

看到这里，你是否也得到了一丝启发和灵感？如果是，请你赶紧行动起来，也给自己拟定一份本年度的如何获得痛苦的指南，然后常常提醒自己去反其道而行之，过上自己真正想要的生活。

这就是获得幸福的逆向思考，也是第四个逆向思维模型——幸福－痛苦模型。

第五节

组合-反向模型
践行逆向战略，才能从红海市场中脱颖而出

创新、创意靠什么实现？美国广告大师詹姆斯·韦伯·扬说，创意就是旧元素的新组合。这是正向思维的创新方法，聚焦于"旧元素、新组合"；而逆向思维则关注"反向创新"，它启发我们思考这件事的反面是什么，如果朝着相反的方向这个问题能否被解决……这就是组合-反向模型，是一个针对创新与创意的思维模型。

组合-反向思维模型主要运用在以下三个领域：发明创造领域、解决一般问题领域，以及商业创新领域。

发明创造领域

1820年，丹麦哥本哈根大学的物理学教授奥斯特通过多次实验验证了电流的磁效应。这一发现传到欧洲其他国家后，吸引了很多进行电磁学研究的人。

英国物理学家法拉第也是其中一位。但法拉第并未止步于此，他想，既然电能产生磁场，那么磁场也许也能产生电。为了检验这个假设，他从1821年开始做磁产生电的实验。虽然失败了无数次，但他坚信，从反向来思考问题的方法是正确的，并继续坚持做这个实验。10年后，法拉第的实验终于获得成功，他把一块条形磁铁插入一只缠着导线的空心圆筒里，结果，导线两端连接的电流计上的指针发生了微弱的偏转，电流产生了。随后，他又设计了各种各样的实验，如两个线圈相对运动，磁作用力的变化同样也能产生电流。1831年，他提出了著名的电磁感应定律，并根据这一定律发明了世界上第一台发电装置。这就是逆向思考在发明创造领域的重大应用。

洗衣机脱水缸的转轴是软的，用手轻轻一推，脱水缸就东倒西歪。可是脱水缸在高速旋转时却非常平稳，脱水效果很好。当初设计时，为了解决脱水缸的颤动和由此产生的噪声问题，技术人员想了很多办法，如加粗转轴、加硬转轴等，均无效。最后，他们用软的转轴代替了硬的转轴，成功解决了脱水缸的颤动和噪声这两大问题。如果用正向思维，技术人员就该继续增加转轴的硬度和粗度，但发现无效之后，技术人员就转向了更硬更粗的反面。于是，问题就得到了解决。

圆珠笔问世之初，一度因漏油问题使厂商大伤脑筋。正向思考的思路是提高其耐磨性以解决问题，但最终都失败了。最后，根据圆珠笔写20000个字就开始漏油这一特点，研发人员进行了逆向思考，不去提高其耐磨性，而是减少其装油量，将圆珠笔的写字个数局限在15000左右，终于使问题得以解决。

这就是逆向思考在发明创造中起到的关键作用。当正向思考走不通的时候，我们可以反向试试，也许答案刚好就隐藏在相反的方向中。

解决一般问题领域

当一个小孩不慎掉入比他高很多的水缸中后，众人皆不知如何搭救。此时，正向思考的方法是"该如何把这个小孩从那个高大的水缸里拉出来"，因为大家都是小孩，都没有这样的能力。唯有一人，他的逆向思考启动了，他想到"如果无法把小孩从水缸里拉出来，那是否可以让水缸里的水离开小孩呢"，顺着这个思路，他想到了砸缸的办法，最后救出了小孩。如果用正向思考，就是"让小孩离开缸"；如果用逆向思考，就是"让水缸里的水离开小孩"。仅通过一个反转，问题就解决了。

有个老人很爱清静，可附近却常有小孩玩耍，吵得要命。他知道，如果只跟这些小孩讲道理，肯定无济于事。于是，他就把这些小孩召集过来说："我这儿很冷清，谢谢你们让这里更热闹。"说完，他就给每人发了3颗糖。孩子们很开心，依旧天天来玩。几天后，老人只给每个人发2颗糖，再后来，就只给他们一人发1颗糖。最后，老人干脆就不给他们发糖了。孩子们很生气，说："以后我们再也不来这里给你送热闹了。"于是，老人终于获得了清静。

如果正向思考，老人就该想办法说服或训斥这些小孩，让他们不要在这里玩；而老人用的是逆向思维，留小孩们在这里玩，这是一个反转，有一定的创新，也成功地解决了问题。

《三国演义》中有一个十分精彩的故事，在马谡战败失掉街亭后，诸葛亮只能带着老弱妇孺缓慢撤退，眼看着司马懿就要带着骑兵追到了。就在司马懿兵临城下之际，如果用正向思维，诸葛亮就只剩下了两条路，要么坚守不出（最后只能是俯首投降），要么去找救兵。但是，如果去找救兵，司马懿肯定会在救兵来临之前就攻破此城；如果俯首投降，这个选项诸葛亮肯定也不会选。就在正向思考不能解决问题的时候，诸葛亮用逆向思维想出了"空城计"。既然司马懿疑心很重，知道"诸葛一生唯谨慎"，那就干脆将计就计，摆出空城，让司马懿不知虚实，最终退兵。既然你的疑心重，认为我是个非常谨慎的人，那我就不谨慎一次给你看。这就是从谨慎到不谨慎的反转。

可见，当遇到问题时，如果正向思考不成，我们就可以考虑逆向思考。逆向思考可能会带来创新，解决各种疑难问题。

商业创新领域

在商业创新中，我们也能通过反向思考来做一些尝试，找到新的商业模式。

真格基金联合创始人王强讲过"将局部整合成整体、把整体拆解成局部"，"把简单变复杂、把复杂变简单"，以及"把现实变虚拟，把虚拟变现实"的思维转换的创业方法。比如，复杂性与产品价格有关，一盒月饼不值钱，但是包装盒很精致，就能卖很高的价钱，这就是把简单的事情变复杂了，价格自然得到了提高。同时，我们也能看到，很多商业模式是通过将复杂变简单而实现的。我们还可以试着通过"把现实变虚拟，把虚拟变现实"来实现商业模式的突破。比如，互联网虚拟书店是对实体书店的颠覆，这让实体书店遭受重创，而现在又有很多很有特色的实体书店开始崛起。这些都是在通过逆向思考的方法实现商业创新。

近几年，中国市场一直在提倡消费升级，于是原有的互联网巨头都在布局消费升级后的精品电商，比如，网易严选、盒马鲜生、天猫小店等。精品电商的布局与拼多多成立和快速发展的时间段高度重合。但拼多多没有沿着它们的道路前进，相反，它反其道而行，锁定的是三线到六线的城镇乡村。这样，拼多多的定位就与阿里、京东形成了巨大的反差，在自己的细分市场犹如进入无人之境，拼多多通过逆向思考关注降级市场，实现了巨大成功。

可见，当某个商业模式被大家非常认可的时候，若想创新，另辟蹊径，我们就可以换到反面去进行思考。

《哈佛最受欢迎的营销课》里介绍了一种叫"逆向战略"的思维。很多企业容易陷入一种惯性思维，那就是，认为要想把企业做好，就得不断满足用户的需求，给他们提供更多的产品或服务。可惜，对手企业也这么想，结果导致大家越来越同质化，想讨用户喜欢越来越难。那么，怎样才能从这种思维方式中跳出来呢？这时，我们可以用逆向战略。所谓逆向战略，就是坚持不提供业内其他公司认为必须提供的服务。在其他品牌说"是"的时候，逆向品牌战略偏要说"不"，而且态度坦然，一点愧疚感都没有。比如，捷蓝航空。

一般来说，飞机上的服务基本都包括了免费午餐、饮料，有头等舱和商务舱，预订往返机票会有折扣等。但是，捷蓝航空把这些服务全取消了。同时，它提供了别人没有提供的服务，比如真皮座椅、卫星电视、娱乐设备等。捷蓝航空的策略就是逆向战略——拿走顾客的一些常规期望，然后提供一些顾客意想不到的东西。这个逆向竞争的战略，让捷蓝航空在竞争中脱颖而出。

再比如，美国加州的汉堡连锁品牌 In-N-Out。一般来说，每家餐厅都希望给客户提供尽可能多的食品选择。然而，这家汉堡店只提供 6 种食品，且没有儿童菜单、沙拉和甜点。但是，In-N-Out 的每一份食物都是现场制作的，而且都是新鲜食材。针对老客户，In-N-Out 还有一份秘密菜单，老客户可以点秘密菜单上的食品。这就是逆向战略，这个战略让这家汉堡连锁品牌大获成功，很多电影明星都成了这家汉堡店的常客。

再比如宜家。我们都知道，家具是耐用品，更换频率很低，所以很多家具公司都会强调自己的家具很耐用。当你一走进家具店，销售人员就会跟着你，给你介绍各种款式的家具，说明它们的优势，询问你的想法。当你决定要买后，他们还会提供送货上门的服务，甚至是免费的送货上门服务。而这家来自瑞典的家居品牌却不跟风。宜家从不强调自己家具的耐用性，更不安排销售人员鞍前马后地给你推荐，甚至连送货上门的服务都不提供，最过分的是，用户在把家具运回家后还得自己亲手组装。但与此同时，宜家会为客户提供一些与众不同的服务。在宜家购物，你能在它的餐厅吃上一顿物美价廉的晚餐，甚至是喝上一下午免费续杯的饮料。从宜家购物结束，你还能在门口吃一个非常便宜的冰激凌，此时你的幸福感就会急剧增加。从宜家购物回家，自己组装家具的时候，你又会感受到自己动手创造的快乐。这就是宜家的逆向战略，它让宜家从家具市场的红海中脱颖而出，大获成功。

在这个产品和服务都严重同质化的时代，逆向战略有可能是企业杀出重围的一个重要手段。在撤销一些服务的同时，增加另一些稀有服务，这样反而能吸引客户，从而从同类品牌中脱颖而出。

这就是获得创意与创新的逆向思考，也是第五个逆向思维模型——组合-反向模型。

本章小结

1. 逆向思维是什么（What）

它是对司空见惯的、似乎已成定论的事物或观点反过来思考的一种思维方式。

2. 我们为何需要逆向思维（Why）

逆向思维能让我们思考得更全面、更透彻，同时更富创造力。

3. 如何进行逆向思考（How）

在这里，我为大家提供了五组正向-逆向思维模型，分别是：

・成功-失败模型

・变化-不变模型

・加法-减法模型

・幸福-痛苦模型

・组合-反向模型

致　谢

感谢我的父母。为了能让我写作此书更加顺利，他们放弃了悠闲的退休生活，特意从西安来到上海。正是因为他们每天精心地做着后勤工作，我才得以心无旁骛地进行思考和写作。

感谢我的先生。每当我写完一部分内容，我的先生都会第一个阅读，并给我提出建议。他始终是我坚定不移的支持者，一直全身心地信任着我。

可以说，没有他们，我不可能走到这里，更不可能有这本书的诞生。

在这么多年的人生中，我也得到了很多好友的大力支持，在此我无法一一感谢，只能提及对本书做出直接贡献的几位好友：贾诗佳、苏恒、周博涵、刘东海、魏睦、徐立文、赵瑞华和杨景瑞。谢谢你们给我提出的所有意见与建议，尤其要感谢周博涵帮我绘制思维导图。此外，我还要感谢你们给予我的所有鼓励与支持。

我要感谢天地出版社，感谢这本书的责任编辑和策划编辑。她们为这本书的面世付出了很多辛苦的劳动，我特别希望有一天她们会以本书为傲。

在这里，我要特别感谢刘润老师，他是《5分钟商学院》的作者，也是中国著名的商业顾问。我当年读研究生时进入微软实习，就得益于他的推荐。他不仅为我打开了一扇门，还一直深深地影响着我。

我要感谢所有写推荐语的老师和朋友。你们愿意推荐此书，就是对我的信任、鼓励和支持，我都记在了心里。

最后，我还要感谢古今那些充满智慧、慈悲、富有洞见的伟大的人，我从他们的书中获得了很多心灵的养料。

附 录

推荐书目及课程

［1］《工具论》，[古希腊] 亚里士多德著，刘叶涛等译，2018 年，上海人民出版社。

［2］《尼各马可伦理学》，[古希腊] 亚里士多德著，廖申白译注，2017 年，商务印书馆。

［3］《形而上学》，[古希腊] 亚里士多德著，苗力田译，2003 年，中国人民大学出版社。

［4］《西方哲学史》，[英] 罗素著，何兆武，李约瑟译，2015 年，商务印书馆。

［5］《溯因推理：从逻辑探究发现与解释》，[墨] 阿托卡·阿丽色达著，魏屹东、宋禄华译，2016 年，科学出版社。

［6］《简单的逻辑学》，[美] D.Q. 麦克伦尼著，赵明燕译，2013 年，浙江人民出版社。

［7］《身边的逻辑学》，[美] 伯纳·派顿著，黄煜文译，2011 年，中信出版社。

［8］《逻辑思维》，[美]理查德·尼斯贝特著，张媚译，2017年，中信出版社。

［9］《思维的艺术：如何像哲学家一样思考》，[德]延斯·森特根著，李健鸣译，2018年，译林出版社。

［10］《形式逻辑》，华东师范大学哲学系逻辑学教研室编，2009年，华东师范大学出版社。

［11］《学会提问》，[美]尼尔·布朗、斯图尔特·基利著，吴礼敬译，2012年，机械工业出版社。

［12］《批判性思维》，[美]理查德·帕克、布鲁克·诺埃尔·摩尔著，朱素梅译，2012年，机械工业出版社。

［13］《我们如何正确思维》，[美]约翰·杜威著，常春藤国际教育联盟译，2017年，现代出版社。

［14］《系统之美》，[美]德内拉·梅多斯著，邱昭良译，2012年，浙江人民出版社。

［15］《系统思考》，[美]丹尼斯·舍伍德著，邱昭良、刘昕译，2008年，机械工业出版社。

［16］《金字塔原理》，[美]芭芭拉·明托著，汪洱、高愉译，2010年，南海出版社。

［17］《怎样解题：数学思维的新方法》，[美]G·波利亚著，涂泓、冯承天译，2007年，上海科技教育出版社。

［18］《什么是艺术》，[美]沃特伯格著，李奉栖、张云、胥全文、吴瑜译，2011年，重庆大学出版社。

［19］《提问的艺术》，[美]安德鲁·索贝尔、杰罗德·帕纳斯著，陈艳译，2013年，中国人民大学出版社。

［20］《世界观：现代人必须要懂的科学哲学和科学史》，[美]理查德·德威特著，孙天译，2019年，机械工业出版社。

［21］《爱情心理学》，[美]罗伯特·J·斯腾伯格、凯琳·斯滕伯格编著，李朝旭等译，2010年，国际图书出版公司。

［22］《新零售》，刘润著，2018 年，中信出版社。

［23］《情商》，[美] 丹尼尔·戈尔曼著，杨春晓译，2018 年，中信出版社。

［24］《从 0 到 1：开启商业与未来的秘密》，[美] 彼得·蒂尔、布莱克·马斯特斯著，高玉芳译，2015 年，中信出版社。

［25］《穷查理宝典》，[美] 彼得·考夫曼编，李继宏译，2016 年，中信出版社。

［26］《跃迁》，古典著，2017 年，中信出版社。

［27］《终身成长》，[美] 卡罗尔·德韦克著，楚祎楠译，2017 年，江西人民出版社。

［28］《竞争战略》，[美] 迈克尔·波特著，陈丽芳译，2014 年，中信出版社。

［29］《创新者的窘境》，[美] 克莱顿·克里斯坦森著，胡建桥译，2014 年，中信出版社。

［30］《颠覆式成长》，[美] 惠特尼·约翰逊著，张翰文译，2018 年，中信出版社。

［31］《生命是什么》，[奥] 埃尔温·薛定谔著，吉宗祥译，2016 年，世界图书出版公司。

［32］《乔布斯传》，[美] 沃尔特·艾萨克森著，管延圻、魏群等译，2014 年，中信出版社。

［33］《第三选择：解决所有难题的关键思维》，[美] 史蒂芬·柯维著，李莉、石继志译，2013 年，中信出版社。

［34］《有限与无限的游戏》，[美] 詹姆斯·卡斯著，马小悟、金倩译，2013 年，电子工业出版社。

［35］《理解未来的 7 个原则》，[美] 丹尼尔·伯勒斯、约翰·戴维·曼著，金丽鑫译，2016 年，江西人民出版社。

［36］《最小阻力之路》，罗勃·弗利慈著，陈荣彬译，2015 年，大写出版（繁体版）。

[37]《原则》，[美]瑞·达利欧著，刘波、綦相译，2018年，中信出版社。

[38]《思考，快与慢》，[美]丹尼尔·卡尼曼著，胡晓姣、李爱民、何梦莹译，2012年，中信出版社。

[39]《断舍离》，[日]山下英子著，吴倩译，2013年，广西科学技术出版社。

[40]《大败局》，吴晓波著，2001年，浙江人民出版社。

[41]《大败局Ⅱ》，吴晓波著，2007年，浙江人民出版社。

[42]《最重要的事只有一件》，[美]加里·凯勒、杰伊·帕帕森著，张宝文译，2015年，中信出版社。

[43]《增长五线》，王赛著，2019年，中信出版社。

[44]《极简主义：活出生命真意》，[美]乔舒亚·菲尔茨·米尔本、瑞安·尼科迪默斯著，李紫译，2017年，湖南文艺出版社。

[45]《哈佛商学院最受欢迎的营销课》，[美]扬米·穆恩著，王旭译，2018年，中信出版社。

[46]《人生的智慧》，[德]叔本华著，韦启昌译，2008年，上海人民出版社。

[47]《思考的技术》，[日]大前研一著，刘锦秀、谢玉容译，2015年，中信出版社。

[48]《福尔摩斯全集》，[英]柯南·道尔著，吴朝华译，2017年，山东友谊出版社。

[49]《泛若不系之舟》，傅真著，2014年，中信出版社。

[50]《三体》，刘慈欣著，2008年，重庆出版社。

[51]《产品思维30讲》，梁宁，"得到"课程。

[52]《商业经典案例课》，张潇雨，"得到"课程。

[53]《模式创新：商业本质的嬗变》，王强，"混沌大学"课程。

[54]《物理学思维》，李铁夫，"混沌大学"课程。